Mon enfant triso

Vingt premières années : 1966 - 1986

ISBN : 2-7384-5165-9

Micheline LARÈS-YOËL

Mon enfant triso

Vingt premières années : 1966 - 1986

Éditions L'Harmattan
5-7, rue de l'École-Polytechnique
75005 Paris - FRANCE

L'Harmattan Inc.
55, rue Saint-Jacques
Montréal (Qc) - CANADA H2Y 1K9

TECHNOLOGIE DE L'ACTION SOCIALE
Collection dirigée par
JEAN-MARC DUTRENIT

Les pays francophones, européens notamment, sont très carencés en outils scientifiques et techniques dans l'intervention sociale. Il importe de combler ce retard. « Technologie de l'Action Sociale » met à la disposition des organismes, des praticiens, des étudiants, des professeurs et des gestionnaires les ouvertures et les réalisations les plus récentes.

Dans cette perspective, la collection présente divers aspects des questions sociales du moment, rassemble des informations précises, garanties par une démarche scientifique de référence, permettant au lecteur d'opérationnaliser sa pratique. Chaque volume présente des méthodes et techniques immédiatement applicables. Au-delà, la collection demeure ouverte à des ouvrages moins techniques, mais rendant compte d'expériences originales, pouvant servir de modèle d'inspiration.

Méthodes de diagnostic social, individuel ou collectif, modalités efficaces de l'accompagnement social et de la rééducation, techniques d'insertion, modèles d'évaluation et d'organisation des services et établissements du secteur sanitaire et social, en milieu ouvert ou fermé sont les principaux centres d'intérêt de cette collection. Améliorer l'expertise sociale pour faciliter l'intégration des handicapés de tout ordre à la vie quotidienne, tel est en résumé l'objectif visé.

Ceux qui pensent que leurs travaux peuvent trouver place dans cette collection peuvent contacter :

Jean-Marc DUTRENIT
c/o L'Harmattan
5-7, rue de l'École Polytechnique
75005 Paris

Collection *Technologie de l'action sociale*
dirigée par Jean-Marc Dutrenit

- P. Caspar, *L'accompagnement des personnes handicapées mentales*, 1994.
- J.-M. Dutrenit, *Evaluer un centre social,* 1994.
- Collectif, *Diagnostic et traitement de l'enfant en danger*, 1995.
- J.-C. Gillet, *Animations et animateurs*, 1995.
- M. Lepage-Chabriais, *Réussir le placement des mineurs en danger*, 1996.
- M. Born, *Familles pauvres et intervention en réseau,* 1996.
- Collectif, *Traiter la violence conjugale,* 1996.
- P. Nicolas-Le Strat, *L'implication, une nouvelle base de l'intervention sociale,* 1996.
- J. Zaffran, *L'intégration scolaire des handicapés*, 1997.

DU MÊME AUTEUR

Revue de l'histoire des religions, Tome CXLV
« Écho d'un rite hiérosolymitain dans un manuscrit du Haut Moyen Âge Anglais » (pp. 17-43 PUF, 1964.)

Revue de l'Histoire des Religions, Tome CLXXXIV,
« A.J. Toynbee et la religion de l'Ancient Testament » (pp. 159-208, PUF, 1973)

Bible et Civilisation Anglaise : Naissance d'une tradition, (345 pp., Didier, 1974)

The Bible and Medieval Culture :
« Types et optiques de traduction de l'Ancient Testament en anglais ancien » (pp. 70-88, Leuven University Press, 1979)

Stéréotypes nationaux et préjugés raciaux aux 19e et 20e siècles :
« Stéréotypes antisémites dans la littérature britannique, fin 19e siècle et années 30 » (Université de Louvain-la-Neuve, 1982)

Encyclopédie « Bible de tous les temps » :
« Traductions vernaculaires de la Bible en Grande-Bretagne médiévale » (pp.123-140, Beauchesne, 1985)

Yod, n° 33-34 : « Trésors de Salonique »
(pp. 173-185, Publications Langues 'O, 1993)

Revue *Études Interethniques-Annales du C.E.S.E.R.E.* :
- « Les éléments antijuifs dans les sermons d'Aelfric d'Eynsham - Xe s. » (n°1, 1978)
- « L'antisémitisme dans le roman anglais des années 30 (n°2, 1979)
- « Antisémitisme et littérature en Grande-Bretagne : le phénomène George Du Maurier » (n°3, 1980)
- « Images de Juifs dans les romans d'Iris Murdoch » (n°5, 1980)
- « La persécution des Juifs en Angleterre médiévale » (n°6, 1983)

(C.E.S.E.R.E., Université Charles de Gaulle, Lille III)

France 40-44 — Expérience d'une persécution
L'Harmattan — Collection « Mémoires du XXe siècle », 1996.

AVANT-PROPOS

C'est une histoire d'amour qui n'en a pas toujours - ni même souvent - les apparences. Amour reçu tout autant que donné, et qui a tout accompagné en rallumant la vie là où elle couvait, dans cette enfant abîmée devenant, peu à peu, une femme.

Belle au Bois Dormant, longtemps plus rebelle que belle, s'éveillant en secret, mais complice d'amour dès les premiers instants, sous un masque - qui a été première à aimer l'autre ?

Comme une Libellule en chrysalide transparente et lourde, elle s'est peu à peu désenclavée, ébrouée, faisant des vols d'essai mais retournant au Piège. Elle a tous les désirs, mais quel combat pour se désengluer !

C'est une histoire d'amour, où l'amour a été, de front, tendresse réciproque, et crapahutage incessant. De ces combats où les trêves ne sont que défaites - pour reprendre lorsque tout se trouve anéanti, dans cet amour où tout reprend vie.

Dans le crapahutage qui a déjà duré une vingtaine d'années, cette enfant, mon enfant - maintenant, ma grande fille - je ne l'ai jamais ressentie, elle, comme un fardeau. Et c'est elle, à l'inverse, qui m'a souvent portée. Sur ce parcours sans heure, lumière et brouillard, nous nous sommes épaulées l'une l'autre.

Je parlerai de ce crapahutage qui est une aventure brutale, ingrate, faite d'instants additionnés sans merci, où l'amour n'est guère plus visible que le sang qui circule caché, dans un corps.

Puis, de la Chrysalide en croissance - aimante, aimée - prisonnière, cachée, et de la libellule devinée, de plus en plus vivante et parvenant à s'évader de sa nuit et de son silence - puis retournant à son Piège - et repartant.

Cet ouvrage a été rédigé avec effort, sur la demande insistante d'un médecin exceptionnellement sensibilisé au handicap de la trisomie, et qui a su me persuader, non sans mal, de son utilité.

Les très-proches de Marine, en apprenant l'existence de ce texte, ont exprimé le désir d'y apporter une contribution. Le père de Marine a concrétisé ce projet. Ses frère et sœur, avec qui elle entretient depuis sa naissance une relation d'amour privilégié, sans faille, résistant au temps et aux distances, ont vu les choses de la vie différer la réalisation de leur désir. Peut-être pourront-ils plus tard exprimer ce regard sur celle qui est aussi, dans sa personnalité en croissance, leur œuvre.

I - Crapahutages

Elle s'appelle Marine - avec quatre autres prénoms qu'elle aime afficher à la porte de sa chambre. Cinq prénoms avec lesquels elle jongle pour signer ses innombrables dessins et tableaux. Voilà comment je songeai à commencer ce livre après avoir tenu, à peu près, ce bref dialogue avec le Dr. Jean Finidori. Il venait de recevoir Marine qu'il n'avait pas revue depuis cinq ans.

- Il faut écrire un livre sur Marine, et j'insiste.

- J'y pense depuis des années, sans en avoir trouvé le temps. Et maintenant, je ne sais par quel bout le prendre.

- Par le commencement.

PRÉMISSES

C'est que le vrai commencement de cette histoire a eu lieu non pas en 1966, année de la naissance de Marine, mais une semaine de l'hiver 1944. Pendant ce sinistre hiver de la guerre, à Paris, en pleine occupation, et en pleine traque pour certaines familles dont la mienne, un professeur de philo du Lycée Lamartine avait décidé de mettre sa classe en contact avec les misères sociales qu'on risquait d'ignorer. La détresse et la promiscuité dans les taudis parisiens lui tenaient particulièrement à cœur - de même que le sort des handicapés mentaux. Des handicapés mentaux, je n'avais jamais entendu parler qu'à propos de la liquidation entreprise par Adolf Hitler quelques années plus tôt, en les faisant gazer, en Allemagne. Je choisis, pour ma part, d'aller en stage dans une classe de « mongoliens », la seule qui existât alors dans Paris - peut-être même dans toute la France. C'était dans une école primaire de la rue des Poissonniers (non pas à Neuilly, mais à Marcadet-Poissonniers).

Mes souvenirs sont fragmentés, comme stylisés, mais nets. Parmi les images sinistres, dans l'ambiance de ce quatrième hiver d'occupation, la plus sordide est pour moi celle de cette école sombre, vétuste et délabrée. Dans une salle de classe aux murs noircis, dans un cadre digne du Dickens des taudis londoniens, une cour des miracles, un cauchemar : une quinzaine d'enfants hallucinants et comme hallucinés, les yeux obliques, la langue le plus souvent pendante, les bras ballants, affalés sur des sièges ou bien assis à terre, muets, ou grognant doucement. Et le vrai miracle, une institutrice qui souriait. Elle me dit tout de suite que sa plus grande réussite est d'avoir inculqué la lettre A, au bout de trois mois d'efforts, à l'une des filles présentes. Ce qui m'est resté des heures passées là : la lettre A, apprise en trois mois - ces visages - la voix de l'institutrice me disant que les mongoliens ne pouvaient vivre longtemps, et que plusieurs des enfants qu'elle avait pris en charge n'avaient plus que quelques mois d'avenir.

Et maintenant, plus de cinquante ans après, ces images viennent s'associer avec celles d'une caverne d'Ali Baba pleine de trésors cachés dans des jarres. Cette femme qui savait faire vivre d'une autre manière ces petits moribonds - et cette école qui aurait pu se contenter de dispenser à des petits Poulbots bien ordinaires l'enseignement normal de la Communale, avec les biscuits vitaminés qu'ils pouvaient avaler, eux, sans problèmes de déglutition. Ces petits mongoliens gênés par leur langue trop grosse, - engourdie -, qui sont là comme des marionnettes sans fils mais occupés par la présence de l'institutrice. Et ces familles qui ont cru possible de conduire ces petits dans cette classe qui les accueille.

Voilà ce qui m'est revenu à l'esprit au moment même où j'ai compris, le lendemain de mon accouchement, que ma petite fille tant désirée était mongolienne (je ne connaissais pas encore le mot « trisomique »). Surprise de voir qu'on ne me la montrait guère, j'ai fait subir un questionnaire serré à l'infirmière qui a fini par me dire avec un air gêné : « Elle a des petites choses qui ne me plaisent pas du tout » - et sur mon insistance : « Elle a les yeux un peu bridés ». Lorsque j'ai, alors, parlé de mongolisme, elle a eu l'air épouvanté. Elle a quitté la chambre précipitamment sans dire un mot.

Peu après, arrive la doctoresse anesthésiste de l'établissement. Elle me dit qu'elle a un fils mongolien de quatorze ans qui va bientôt venir me voir. Au bout d'un petit moment, il entre dans la chambre. Il est tout essoufflé, il fonce vers mon lit et me tend la main. Il secoue énergiquement la mienne en émettant des grognements incompréhensibles, mais joyeux. Sa mère m'explique qu'il a dû traverser une partie de la ville à bicyclette, tout seul, pour la rejoindre à la clinique. Je le regarde : il est assez grand, un peu balourd, mais bien éveillé ; son visage est parmi les plus « marqués » qu'on puisse imaginer pour un trisomique, avec des yeux fendus en oblique terriblement accentués, et des traits bousculés ; mais tout est rassemblé, ravivé par un sourire magnifique. Il fait penser à une pâtisserie qu'on aurait laissé tomber par terre, mais tout est là, la crème, les fruits, et tout est bon. On ne peut la reprendre et en refaire ce qu'elle aurait dû être, mais on sent que tous les éléments, malgré les apparences, peuvent être préservés et savourés.

Cet enfant peut donc circuler seul, à bicyclette, en ville ; il sait prendre contact avec des inconnus avec le plus grand naturel ; et il a l'air tout épanoui. Le choc est réussi. C'est la seconde image, dynamique, vivante, d'un triptyque dont Marine sera le troisième volet.

Le médecin anesthésiste me raconte comment une de ses voisines, commerçante très occupée par sa boutique, s'en est très mal sortie avec un enfant trisomique né la même année que son fils. L'enfant était en bonne santé, sans malformations annexes, de ces malformations du cœur ou des reins qui parfois doublent le handicap. Mais, laissé à lui-même à longueur de journée, l'enfant est maintenant grabataire et ne sait pas parler, ne sait rien faire.

L'anesthésiste fait place au pédiatre accompagné de l'infirmière-chef. J'entends qu'il lui dit « Elle n'aura pas une goutte de lait », ce qui se vérifie alors que je sombre dans une sorte de houle, ponctuée de sensations de chutes libres aussi violentes qu'au moment de trous d'air, lorsqu'un avion est pris dans une tempête. Mon enfant doit être nourrie au biberon, et je ne sais au bout de combien de jours on me l'apporte avec un biberon. On me bourre toujours de je ne sais quelles drogues, mais je reprends un peu mes esprits. Marine est charmante, paisible, toute endormie. Ses lèvres font mine de téter, mais elle ne tète rien ; elles n'ont aucun tonus, ces petites lèvres et la racine hypertrophiée de sa langue ne facilitent pas la déglutition. Ce sera la première bataille à livrer, qui va durer au moins deux mois.

Sauvetages

De retour chez moi, je vais passer le plus clair de mon temps à tenter d'empêcher Marine de mourir d'inanition. Dans la journée, je suis seule à me débattre avec le chauffe-biberon, avec le biberon qui reste pratiquement plein, sauf quelques gouttes répandues - et refroidit. On le réchauffe, et tout recommence. Lorsque la famille revient, c'est plus facile. On invente un système qui permettra de dégourdir la langue de Marine, et de l'alimenter un peu. Ma fille aînée, qui a seulement treize ans, mais beaucoup de patience, appuie sur la racine de la langue récalcitrante un de ces bâtonnets stériles qui servent de cure-oreilles - pendant que je secoue le biberon tétine en bas pour projeter du lait dans la gorge de Marine. Au bout de quelques jours, la déglutition se déclenche moins mal, la langue devient plus souple ; mais les lèvres gourmandes pourtant, sont trop faibles pour exercer la moindre pression sur le caoutchouc de la tétine. Marine ressemble à une poupée de chiffon livide, avec les yeux constamment fermés ; elle n'émet même pas les sons qu'émettent certaines poupées. On lui met, et remet, d'innombrables fois, cette tétine entre les lèvres. Les progrès resteront faibles pendant un mois - puis elle prendra, enfin, un peu de vigueur. Au bout de deux mois, elle tétera plus fort, mais jamais plus de quelques secondes de suite, car elle tombe endormie. La tétée dure souvent trois quarts d'heure. Après de longues semaines, la cuiller prendra le relais.

Marine a des réactions à la douleur tragiquement différées. Je m'en aperçois en la langeant, un jour où mes mains sont particulièrement mal assurées. J'ai terminé depuis quelques instants lorsqu'elle se met à hurler. Nous ne savons s'il faut s'inquiéter, ou se réjouir d'entendre sa voix. Je la déshabille pour voir s'il y a quelque chose d'anormal, et je découvre alors que l'épingle a percé la peau de son ventre pour ressortir deux ou trois millimètres plus loin.

Puis, c'est à nouveau le mutisme pendant des jours et des jours. Les yeux s'ouvrent doucement, les lèvres s'agitent, mais cette chambre est pleine d'un silence insupportablement lourd. Nous avons dû nous séparer du chat Murdoch. Il aurait pu, le plus innocemment du monde, faire bien des dégâts avant que Marine ait parcouru, pour nous alerter de sa voix, ce mystérieux trajet qui lui est propre. C'est bien plus tard, au bout de je ne sais combien de semaines, que cette voix se déclenchera. Nous n'étions pas alors dans sa chambre. Nous avons entendu des pleurs. C'était un soir, toute la famille était là. Quelques instants après, nous nous sommes tous retrouvés, éperdus, à côté du berceau. A partir de ce moment-là, entendre Marine pleurer sera longtemps pour nous signe de joie.

Une nouvelle étape est franchie lorsque nous montrons Marine au Dr. J. de Grouchy - qui la suivra pendant vingt-cinq ans. Aux Enfants-Malades, on fait le caryotype dont il faudra longtemps attendre le résultat. Il ne s'agit que d'une confirmation, car Marine présente tous les signes de la trisomie. Et nous mettons en route sans plus tarder le plan de bataille indiqué par Jean de Grouchy. Le principe de base est d'empêcher Marine de sombrer dans la léthargie, en employant tous les moyens possibles pour la tenir éveillée. D'abord en installant dans sa chambre un dispositif musical. Comme nous ne sommes guère d'humeur à chanter, nous utilisons magnétophone ou tourne-disques. La chambre est transformée en salon de musique, et on n'y met la sourdine que tard le soir, pour endormir doucement Marine.

Pendant cette période initiale à peu près uniquement larvaire, un incident se produit, qui me servira de phare pour l'avenir. Voici comment j'ai découvert à quel point la vie affective peut modifier le comportement et même le faciès d'un trisomique. Marine a un petit visage détendu, presque épanoui lorsqu'elle atteint son sixième mois. Elle a l'air grave et doux et semble ruminer un mystère. Je suis si fatiguée que je pars avec notre fils (qui a onze ans) passer une semaine à la campagne. Il se trouve - ceci n'est qu'une parenthèse - que mes hôtes emploient comme jardinier un jeune mongolien qui vit avec eux depuis son enfance. Grand et fort, un peu balourd, il a un air de sagesse indéfinissable et la dignité d'un Bouddha. Il fait bien son travail. Il a une trentaine d'années derrière lui, mais parle à peine. J'apprends qu'il est le fils d'un notable parisien, et n'a guère de contacts avec les siens.

Je ferme cette parenthèse pour revenir à mon escapade. Marine reste sous la surveillance de son père, de sa sœur aînée, plus la fille aînée d'une voisine qu'on embauche pour faire relais. C'est une période de vacances scolaires et je laisse donc un nid bien peuplé, sans compter le dispositif d'animation sonore dont j'ai déjà parlé. A mon retour, Marine se porte bien, mais elle a changé de visage. Elle a l'air beaucoup plus « mongolien ». Ce n'est pas une idée. Et cette sorte de crispation du visage, qui accentue les stigmates de la trisomie, va disparaître au bout de quelques jours. Quelle explication donner à cela, sinon qu'une présence, une voix peut-être, lui avaient manqué ?

MUSCLAGE

C'est un peu plus tard que, Marine prenant des forces, nous avons pu pratiquer un programme de stimulation musculaire. Une idée est constamment venue me soutenir dans cette entreprise : celle des puces savantes (ou, s'il s'agit d'une fable, celle des « animaux savants »). Je me disais que, même coincée dans une condition animale, Marine pourrait au moins apprendre de ces choses qu'on parvient à enseigner à des insectes, et qu'elle serait alors d'autant plus vivante. Une autre idée est un peu celle de Winston Churchill recommandant aux Anglais qui travaillaient aux industries de guerre de s'acharner, comme si le crâne du Führer était au bout de leurs marteaux. Tout progrès, toute persévérance, en cette affaire, serait un point marqué sur cette monstrueuse entreprise de mort dont les handicapés allemands n'avaient été que les premières victimes.

Revenons à l'entraînement musculaire. Dès que cela paraît praticable, nous mettons Marine dans un parc où on lui fait faire des tractions des bras et des jambes : certains jours, systématiquement tous les quarts d'heure. Bras et jambes seront longtemps flasques et on ne peut alors l'asseoir sans la caler de tous côtés avec des coussins. Lorsqu'elle va commencer à marcher, vers un an et demi (ce qui est déjà un beau succès) elle ne sera pas encore capable de rester assise, s'affalant soit en avant, soit sur un côté. Par ailleurs, elle continue à réagir bizarrement, tardivement, ou pas du tout, à la douleur ou aux chocs. Ainsi, un jour où nous l'avons perchée sur un meuble afin qu'elle puisse suivre ce qui se passait dans la pièce, elle a été mal ficelée sur son siège Relax ; nous l'avons trouvée par terre, à plat sur le nez, - sans qu'elle ait poussé le moindre cri. Elle ne s'est en tout cas fait aucun mal.

Ce siège Relax sera d'ailleurs notre salut pendant des mois. Comme j'ai pu quitter l'enseignement pour le CNRS, je travaille chez moi et Marine, molle comme une Raggedy Ann américaine, peut rester installée sur ce siège, lui-même perché sur mon fichier. Elle est à bonne hauteur pour m'observer à longueur d'heures, ce dont elle ne se prive pas. Parfaitement muette, elle ne m'empêche pas de travailler. Une complicité s'établit entre nous, on se décoche coups d'œil et sourires. J'ai relativement peu de manipulations à faire pour que le siège puisse assumer sa seconde fonction, mais il faut prendre des précautions infinies pour qu'elle ne dégringole pas du fichier. Les séquelles de cet accouchement ne me permettent pas de gros efforts, et je dois éviter les incidents de ce genre lorsque je suis seule avec Marine. Ce que je viens de dire, et ce qui suit est utile à signaler pour éclairer un épisode intéressant lors de la première scolarisation de Marine. Je précise donc que, pour manipuler récipients et change sans faire trop d'efforts, je fais comprendre à Marine qu'elle doit s'accrocher solidement à mon cou en serrant bien ses deux bras. Au bout de peu de temps, elle apprend à s'agripper de toutes ses forces alors que je répète : « Serre, serre. » Puis elle fera cela spontanément, une occasion de câlins très appréciés des deux côtés.

En fin d'après-midi, pendant que je m'occupe du dîner, Marine reste dans son parc, rampant à plat ventre ou bien calée entre des coussins. Pas moyen, pour l'instant, de trouver une aide ménagère ; elles se dérobent toutes dès qu'elles entendent parler d'enfant handicapé : « Ça m'impressionnerait trop », ou « Ça me fait peur », ou « Ça me ferait trop de peine ». Il est vrai que dans ces années soixante-dix, on n'avait pas encore fait sur le handicap ce battage qui a bien fini par familiariser le public au problème et à ses images.

Ce train-train va se poursuivre, siège perché sur le fichier, parc, tractions de tous genres lorsque la famille est là pour prêter main forte. Marine est très entourée, le soir. La nuit, c'est entre elle et moi que le dialogue reprend. Parfaitement propre de jour bien avant l'âge d'un an grâce à l'entraînement du Relax bifonctions, elle va par contre se mouiller la nuit pendant plus de dix ans, si je n'interviens pas régulièrement une ou deux fois par nuit pour prévenir les accidents. Si j'avais su que cela durerait aussi longtemps, je n'aurais peut-être pas eu le courage de persévérer. Je ne veux pas qu'elle prenne l'habitude de dormir trempée, sans parler des lits inondés et, des lessives... Les séances nocturnes vont donc se poursuivre. L'habitude que Marine a prise de me serrer le cou, même aux trois-quarts endormie, m'aidera à la soulever pour la poser par terre, puis la remettre au lit. Lorsqu'elle deviendra vraiment trop lourde, je ferai pivoter ses deux jambes jusqu'à l'appui du sol, et par un mouvement de levier, toujours avec ses deux bras en collier, on vient au bout de la manœuvre.

Premiers envols

Marine devient de plus en plus mobile. Elle s'agite, elle rampe, elle rit, elle pleure. Elle est taquine et futée. Mais adieu le Relax à longueur de journée, et cela va bloquer mon travail. Marine a dix-sept mois lorsqu'une collègue suisse vient m'aider à m'occuper d'elle pendant qu'une partie de la famille est en vacances. C'est d'autant plus nécessaire que nous habitons un troisième étage sans ascenseur qui complique considérablement les sorties et les retours. Élizabeth viendra donc près d'un mois, car il me faut remettre à flot mes travaux qui ont pris du retard. C'est Élizabeth qui va déclencher chez Marine les processus de marche et de langage. A dix-huit mois, Marine aura fait ses premiers pas, comme un petit automate, les jambes toutes raides et en se dandinant. Et elle s'est mise à dire le nom de son frère - le plus facile à prononcer - assez distinctement. Ce dernier apprentissage se fait vers la fin du séjour d'Élizabeth, lorsque le grand frère est de retour de vacances, et présent, pour se faire désigner par son nom. C'est par répétition constante associée à une désignation gestuelle théâtrale que Marine accroîtra peu à peu - très peu à peu, son vocabulaire. Elle articule mal, et fera peu de progrès sur ce point jusqu'à l'âge de treize ou quatorze ans ; mais on peut se rendre compte qu'elle est capable d'articuler distinctement. Surtout lorsqu'elle est particulièrement motivée pour émettre un mot, expression d'une émotion ou appel pour obtenir quelque chose. Ceci ne surprendra personne.

Voilà donc Marine en mouvement, ce qui ne manque pas de poser des problèmes dont nous ne songeons nullement à nous plaindre. Mais il faut résoudre le plus urgent, la surveillance de jour, car on ne peut l'enfermer perpétuellement dans un parc. Quand elle commence à escalader le lit-cage, on lui donne un nouveau lit d'où elle puisse tomber sans danger - ce dont elle profite innocemment en continuant à dormir sur le tapis. Ceci ne simplifie pas, tout au contraire, le scénario nocturne.

Les images mouvantes de Marine pendant son plus jeune âge me reviennent en farandole. Mais le film reste, dans l'ensemble, muet. En cinq ou six ans, Marine apprendra, comme on le sait, le nom de son frère, de sa sœur, de ses parents et de ses grands-parents. Ceux-ci habitent tout près, mais les visites chez eux ne peuvent avoir lieu que lorsqu'il y a du renfort pour l'y conduire et la ramener. Leur état de santé ne permet pas qu'on l'y laisse jamais avec eux. Il reste que leur présence et le bagout du grand-père ont certainement contribué à l'évolution de Marine. Elle apprendra d'abord quelques mots. Elle dit « chat » en voyant un chat - et « poupée ». Hors langage articulé, ses regards et ses gestes en disent long, emplissant les pointillés du langage.

Je me souviens du premier signe d'astuce qu'elle nous ait donnés. Alors qu'elle commençait à déambuler dans l'appartement, un jour où j'épluchais des fraises dans la cuisine, elle est entrée ; elle a levé vers moi son minois de petite Chinoise, ouvrant la bouche où j'ai mis une fraise. Quelques instants plus tard, elle est revenue, avec le même succès ! Puis encore une fois, et une autre. Je lui ai enfin fait entendre que ça s'arrêterait là. Elle est revenue à la charge, mais en compagnie d'une poupée ; au lieu d'ouvrir la bouche, elle a dit « Poupée », et désigné celle de la poupée.

A propos de poupées, l'attitude de Marine vis-à-vis de ces demoiselles a toujours été surprenante. Dans l'ensemble, elle ne s'y intéresse guère - sauf pour en faire un attrape-fraises comme on vient de le voir. Elle les considère même de plus en plus comme des gêneuses, qu'elle cherche à éliminer. A deux reprises, en montagne, au cours des étés 69 et 70, Marine va tout bonnement jeter ses poupées par-dessus bord, dès qu'il y aura un « bord » à portée de bras. Une première fois, avec une prestesse étonnante, elle jette une poupée par-dessus la balustrade d'un petit pont, sur un torrent qui l'emportera. Une autre fois, alors qu'on lui montrait, au loin, en contrebas de la route, une âne qui brayait au fond d'un petit val, Marine a jeté sa poupée dans les broussailles. On ne put la récupérer, et elle ne la réclama jamais. Par la suite, elle s'est contentée d'afficher une indifférence souveraine à l'égard des poupées.

Revenons à ce besoin croissant de mouvement, aux solutions inventées pour y faire face jusqu'à sa septième année, où un nouveau cadre de vie nous permettra de l'orienter vers des occupations sportives de toutes sortes. Nous avons d'abord comme principe de traîner Marine avec nous dans l'appartement. De la traîner, puis de l'entraîner. Nous avons peu de place, mais quelques mètres de couloir, qu'il faut mettre à profit. La recherche d'un outil adéquat me poussera à faire une sortie dans les grands magasins, la première depuis que Marine existe. J'y reste longtemps, complètement secouée par les bruits, la bousculade, et des larmes dont je me demande d'où elles sortent. Je finirai par trouver une espèce de trottinette sans support pour le pied, une sorte de déambulateur de toutes les couleurs, avec une sonnette qui tinte lorsqu'on la fait rouler. Marine va passer des heures à foncer d'un bout à l'autre du couloir, d'abord en traînant les pieds, puis en se déplaçant de plus en plus rapidement, et s'amusant prodigieusement. On finit par s'habituer au son de cette clochette qui suit toutes ses évolutions.

Autre progrès : Marine tire de moins en moins la langue. On lui fait comprendre, par gestes et contacts, qu'elle peut tenir sa langue dans sa bouche. En fait, cette langue est devenue en proportion bien moins volumineuse qu'au début. Peut-être les manipulations répétées dont nous avons parlé plus haut ont-elles contribué à cela ? Quant aux nuits, elle acquiert une propreté relative ; elle reste propre si on la met sur le pot avant une ou deux heures du matin. Nous tenons à cet entraînement pour pouvoir éliminer au moins un obstacle à la scolarisation en maternelle, qu'il faut tenter au plus tôt.

Marine est de plus en plus vivante, de plus en plus conviviale. C'est une charmeuse : elle arrive même à vaincre les réticences d'une aide ménagère qui m'avait d'abord dit, avant de l'avoir vue, « Je ne pourrai pas. », mais avait eu le courage de venir la voir. Cela dura quelques mois mais cette précieuse personne quitte le voisinage pour s'installer à cinq cents kilomètres de là. C'est à nouveau la panne. Et les pannes se succéderont d'année en année. Les ressources locales en matière d'aide familiale sont trop aléatoires et quelques expériences, rendues possibles par la bonne réputation de Marine, tournent court : lorsque la fin de mois de ces dames est bouclée, ou que les traites de la pendule imitation Louis XV (j'évoque un cas précis, bien réel) sont liquidées. Il faut chercher une solution plus stable, et celle de la « demoiselle au pair » s'est imposée.

Premières écoles

Nos obligations professionnelles nous imposeront de chercher du renfort pendant un premier temps (à partir de trois ans) où il s'agit de « scolariser » Marine. Il s'agit d'assurer des allers et retours, d'abord intermittents, puis réguliers, lorsque nous aurons trouvé une maternelle accueillante. Il s'agit ensuite d'assurer le bain et le repas du soir. Il faut quelqu'un d'assez sérieux pour *faire faire* un maximum de choses à Marine, lui apprendre à monter et descendre les escaliers (j'ai déjà indiqué que nous n'avions pas d'ascenseur), et ne jamais céder à la tentation de la porter pour accélérer et simplifier les choses. Nous aurons bien du mal à obtenir cela (il faut convenir que ce n'était pas chose facile). Je me souviens de cette période comme d'une épopée que je n'aimerais pas revivre.

En attendant l'admission souhaitée dans l'école maternelle sise dans le parc où nous résidons, on tente de faire admettre Marine dans une maternelle privée. On en trouve une, à quelques kilomètres de là. Il faut alors assurer le convoyage en voiture. Nous sommes prêts à assumer cela, mais voilà que tout craque. Institutrices et Directrice sont consentantes, mais le problème a dû être soumis aux parents des autres enfants - qui refusent : ils ne veulent pas d'un handicapé dans la classe. On repart à zéro. On déniche alors une toute petite école paroissiale à deux kilomètres de là. Tout va bien, au début, du côté des parents. Mais l'institutrice est particulièrement chargée les jours de marché, où la fréquentation de l'école est accrue. On me demande de ne pas envoyer Marine à l'école ces jours-là, ce qui fait craquer l'arrangement, toujours strictement limité, avec la demoiselle au pair (qui suit des cours de français dans une école éloignée) - et aussi mon plan de travail.

Et voilà que tout semble s'écrouler du côté de l'école. On me convoque pour me dire, avec toutes sortes de ménagements, que Marine est dangereuse, car elle cherche à étrangler les gens. Elle s'accroche aux cous qui lui sont accessibles - donc, ceux de ses petits camarades de maternelle. Elle s'y accroche, elle serre, elle serre ! Marine a de la graine d'étrangleuse, c'est sûr. Et puis, il est bien connu que les mongoliens sont violents - et dangereux. Il y a eu des plaintes de parents... J'explique alors ce que le lecteur a déjà compris (voir plus haut) - l'affaire du fichier, les petites opérations nocturnes, comment Marine a dû apprendre à me serrer le cou pour ménager mes efforts en évitant les chutes. Je m'engage à désapprendre cela à Marine, quitte à compromettre le système nocturne si je ne trouve pas un expédient de rechange. La directrice se montre compréhensive, elle va tenter de faire patienter, et de rassurer les plaignants. Chaque fois que Marine me prend par le cou, on lui propose une mimique de diversion, de substitution : on désengage, on délie les bras, mais on se frotte le nez - on fait (le vocable fera long feu) un « neskimo ». Les « neskimos » useront tous les nez de la famille, et il faudra plus tard (ce sera difficile) éliminer à son tour ce petit guignol qui déplaît aux non-initiés. La nuit, lorsque Marine est trop endormie, le « neskimo » ne prend pas, et c'est alors que je pratique la manipulation des jambes que j'ai décrite un peu plus haut. Quelques mois plus tôt, lorsque Marine avait les jambes toutes flasques, ce n'eût pas été possible. Au demeurant, on a gagné au change. Mais cela n'arrangera pas tout, les parents se montrent méfiants; et cette méfiance revient certainement à Marine à travers les enfants - s'ils n'ont pas déjà pris peur eux-mêmes. Cette histoire de cou serré ne s'effacera pas. L'année suivante, pas de réadmission dans l'établissement.

Une première tentative du côté de l'école du parc n'avait rien donné. Nous y retournons. Même refus, de surcroît, fort peu aimable. Je suis venue avec Marine, qui maintenant trotte bien, quoique avec une raideur de petit robot. Il fait déjà bien froid pour l'automne. Nous revenons de l'école avec cet échec dont Marine et moi allons partager le poids. Car c'est le vide complet. Plus d'école. Plus de combinaison au moins partiellement satisfaisante avec la demoiselle au pair, employée, on le sait, à temps partiel, et déjà intermittent. Panne pour le travail, et rien à l'horizon pour l'école. Marine tient ma main bien serrée, et le courant passe, il semble que nous vivions un peu l'une de l'autre. Mais c'est vraiment le grand vide : il faudra franchir plusieurs journées comme cela. Jusqu'à ce que je me décide, bien que sans la moindre espérance, à retourner à l'école du parc. Je veux mettre la directrice devant ses responsabilités, car j'ai appris que des admissions se font, ailleurs, dans des cas semblables - à Paris en tout cas. Et pourquoi pas ici ?

Il se produit alors l'une des choses les plus éberluantes que j'aie vécues. L'école vient de changer de chef d'établissement et la nouvelle directrice, Madame Lerendu - on devrait bien lui élever un monument, elle le mérite - accueille à bras ouverts Marine qu'elle dit bien connaître pour l'avoir souvent observée dans le parc. Elle prend Marine dans la classe qui lui est personnellement attribuée ; pour commencer, seulement le matin ; au bout de très peu de temps, tout à fait normalement, comme demi-pensionnaire. J'en suis encore stupéfaite.

Pendant deux années scolaires, Marine va pouvoir s'adapter lentement à un rythme de vie. Avec Madame Lerendu, tout doit aller de l'avant - tout « va ». Marine déjeune à l'école et fait bonne figure, me dit-on, à la cantine. C'est que les trisomiques, comme tous les autres enfants, ont besoin d'être entraînés. Marine mange normalement parce qu'elle a très tôt mangé avec les autres (Une mascarade, au début, lorsqu'elle était ficelée à hauteur de table comme un paquet de chiffons). Il faut charrier les trisomiques dans le petit torrent de la normalité, comme les autres, plus que les autres, du moins tant que leur personnalité n'est pas formée. Sinon, ils imbiberont avec la même facilité soit le vide, soit des images, des gestes qui vont les figer hors de cette normalité fondamentale. Autrement dit, le bain de famille reste l'élément fondateur irremplaçable si on ne veut pas que le handicap s'accroisse au niveau des attitudes - et que la socialisation ultérieure de l'enfant ne soit bloquée. Reste le faciès, évidemment, et dans une mesure variable, le langage ; mais le paysage gestuel peut constituer une passerelle vers le monde extérieur.

Je saisirai encore mieux l'importance du mimétisme lorsque par exemple, des handicapés se trouvent cloîtrés entre eux. Voici comment. Dans certaines circonstances familiales, je me suis vue dans l'obligation de caser pour une semaine Marine alors âgée de dix ans. Elle est gentiment accueillie dans un centre normalement réservé à des handicapés moteurs ou grands malades. Tout se passe bien, et ma seule appréhension vient du spectacle que j'ai eu en venant la chercher : dans un calme impressionnant, les enfants regroupés dans une jolie salle, sont occupés à dévorer des monceaux de sucreries, comme un troupeau qui pâture - et ce doit être, hélas, un rite quotidien. Mais le mal n'est pas là et la semaine n'aura pas suffi à créer chez Marine un besoin de douceurs comestibles dont nous l'avons soigneusement protégée (au point de l'envoyer un temps à l'école avec un badge « Sucreries interdites »). Le drame pour nous - heureusement sans lendemain -, c'est que Marine, de retour à la maison, s'écroule avec des convulsions qui ressemblent à ce que j'ai entendu dire des crises d'épilepsie. En fait, elle a mimé une crise. Nous avons eu la chance de pouvoir être rassurés presque immédiatement par sa grand-mère, elle-même revenue d'une convalescence passée tout près du centre qui hébergeait Marine. Elle lui avait rendu plusieurs visites et remarqué le jeune épileptique imité par Marine.

Pendant ce que nous appelions la « trêve Lerendu », tout n'allait cependant pas tout seul, côté maison. Le problème numéro un restait celui des escaliers. Trois étages, au départ, et au retour d'un quart d'heure de marche dans un parc non carrossable. Si Marine, on le sait, trotte bien déjà, entre trois et quatre ans, elle a par contre la manie de tomber en arrêt devant tout ce qui bouge et même ne bouge pas : en particulier, ces petits piliers de béton piqués ca et là en bordure des pelouses. Elle veut tous les escalader, et lorsqu'elle y parvient, elle ne veut plus en descendre. Il faut littéralement la décoller de sa nouvelle marotte; on y parvient par la persuasion et le rire (en la chatouillant), mais la pendule, hélas, ne peut suivre le mouvement. Après diverses mésaventures dont le détail pourrait occuper de nombreuses pages, et qui ne trouvent pas leur place ici, nous sommes enfin tombés sur deux charmantes sœurs hollandaises qui vont rester deux ans auprès de nous. Els, comme demoiselle au pair attitrée, - Vera, qui travaille ailleurs, comme suppléante occasionnelle. Une autre trêve ! Et la période - tout de même un an et demi - où coïncidèrent les deux trêves, m'a permis de mener de front mon travail pour le CNRS et mes obligations familiales.

Quant aux vacances, elles avaient jusque là été plutôt catastrophiques, au point, parfois, d'y renoncer. Hors du contexte de la maison, maîtriser et occuper Marine était une gageure. L'été 70, nos Hollandaises étant rentrées chez elles pour une partie de l'été, nous avons quand même pu reprendre le souffle dans une maison familiale en embauchant une garde de nuit. C'était une étudiante danoise intelligente et pleine d'énergie, qui était si fatiguée d'avoir passé un mois entier à éplucher et hacher des oignons dans un restaurant du genre fast food, que le changement l'enchantait. Elle ne souhaitait pas s'occuper de Marine pendant la journée et pour cause, autant s'occuper d'un feu follet - mais finit par accepter lorsque nous trouvâmes un jardin clos dépendant d'une maison de retraite, où Marine fut autorisée à s'ébattre une partie de l'après-midi, sous une surveillance allégée. Là, Marine fit quelques progrès dans ses relations avec les adultes ; elle allait s'installer sur les bancs, racontait à qui voulait l'entendre d'incompréhensibles histoires, et proposait à tous des « neskimos ».

Cet arrangement ne put se renouveler l'année suivante. Marine fut alors invitée à La Haye pour un mois entier. Mois mémorable qu'elle passa dans la famille de ces inoubliables demoiselles en compagnie de leurs parents, de leurs sœurs et frère cadets, un peu plus âgés qu'elle, et d'un nombre de chiens, de chats, de ravissants lapins apprivoisés. Marine avait alors cinq ans et demi. Et c'est à la fin de ces vacances merveilleuses pour tous, que se produisit un incident révélateur de risques d'un genre nouveau.

Nous étions venus chercher Marine et nos deux Hollandaises à La Haye, et finissions de déjeuner tous ensemble dans un restaurant, avant de prendre la route, lorsque Marine se leva brusquement de table et fila comme une flèche par la porte qui était ouverte, et donnait sur une rue pleine de monde. Nous fûmes trois à bondir à sa suite, mais il y avait dehors une telle foule qu'on ne put voir immédiatement quelle direction elle avait prise. Partant chacun dans une direction différente, l'un d'entre nous ne tarda pas à la récupérer. Mais un nouveau cauchemar commençait, qui devait se répéter au cours des années à venir. Marine avait maintenant tendance à s'échapper et à foncer dans n'importe quelle direction. Nous avons eu une fois - je ne sais plus dans quelles circonstances - l'occasion de comprendre qu'elle croyait atteindre ainsi ce qu'elle souhaitait retrouver. En s'échappant comme un petit bolide, elle espérait atteindre par exemple la maison, même si nous en étions fort loin. L'identification de l'espace lui était impossible et elle pensait que tous les lieux connus étaient proches les uns des autres, au gré de ses désirs.

Le phénomène prit une telle ampleur et une telle fréquence que la vie devint impossible dans l'immeuble que nous habitions. Marine avait l'idée fixe de s'échapper de plus en plus, semble-t-il, rien que pour s'échapper. L'enfermer ne valait rien, et elle était trop grande pour être tenue par ces ceintures à courroies qui nous avaient été précieuses au début. C'était un feu follet tout éperdu. Un jour, ayant pris le galop dans les escaliers qu'elle pouvait enfin - victoire dont c'était le revers - descendre et remonter sans grande difficulté, elle sortit dans le parc. Je me précipitai à sa suite mais elle me gagna de vitesse. Comme il y avait deux sorties opposées dans le vestibule du rez-de-chaussée, ou ne pouvait savoir de quel côté elle avait pu filer, côté parc, ou côté route à grande circulation, que j'empruntai évidemment en premier. Elle était partie, ou repartie, en faisant le tour de l'immeuble, vers le parc intérieur. On entrait dans un cycle de fermetures et de refermeture de portes. Et puis, il y avait le balcon sur lequel elle pouvait maintenant pousser une chaise. L'heure était venue de déménager, ce que nous souhaitions depuis longtemps, sans avoir réussi à trouver une solution à notre convenance.

TOUJOURS L'ÉCOLE

Il vint s'ajouter à ceci la mutation de Madame Lerendu. Son successeur, hélas, était loin d'avoir le même charisme. Au bout de quelques semaines, les choses n'allaient pas bien : aucun signe d'adaptation mutuelle entre Marine et sa nouvelle institutrice. La situation se détériora à un tel point qu'on me convoqua pour rencontrer une inspectrice de l'enseignement primaire.

Une ère nouvelle s'ouvrait pour nous. Nous nous trouvions promus au rang de parents-d'élèves-handicapés indésirables. Jean de Grouchy m'avait bien prévenue, et j'étais prête à tout pour que l'expérience fût tentée le plus longtemps possible. Notons qu'étant nous-mêmes enseignants, nous étions bien placés, mon mari et moi, pour nous montrer compréhensifs des deux côtés - (ce qui était en fin de compte une difficulté supplémentaire).

Je m'en tiens, pour l'instant, sur le fil de la trame de cette aventure, à relever le segment ô combien mémorable, de la visite à l'inspectrice. Une personne visiblement bien ennuyée, crispée, le regard collé au bout de ses souliers, et se frottant fébrilement les mains. Elle aurait certainement été à l'aise en présence d'un parent « ordinaire », pour lui parler de son enfant à problèmes, mais néanmoins ordinaire. Après avoir longtemps tourné autour d'un pot dont elle ne se résolvait point à parler, - mais que l'on devinait sans peine - elle eut enfin cette phrase superbe : « Vous savez, Madame, il y a des établissements très, très satisfaisants pour des enfants... des enfants... » La suite ne venant pas, elle se tortillait, se pliait presque en deux (je n'exagère pas), souffrant de tant tarder à trouver la formule qui à la fin, éclata dans toute sa splendeur : «... de ce STYLE-LÀ ».

Bien sûr, les jeux étaient faits, il nous fallait récupérer au plus tôt notre môme-de-style. Encore une période de prospections insensées dans les environs, en attendant de pouvoir s'installer en ville. Mais pour l'instant, le seul établissement privé (récemment ouvert) de la région était bien à une quinzaine de kilomètres, mais il assurait un ramassage scolaire. Ce que nous y avons vu nous a plongés dans la tristesse. La compétence et le dévouement du personnel n'étaient pas en question, mais quelle ambiance déprimante dans cette villa de banlieue du genre trois étages-meulières, dont l'obtention et l'aménagement en cours devaient coûter des sommes considérables d'efforts et d'argent à l'association responsable ; aménagement pour l'instant en demi-friche. Des petits trisomiques, qui avaient plutôt l'air de chiens errants, l'un d'eux le derrière à l'air et traînant après lui un drap de bain plus grand que lui, qui paraissait trempé. Peut-être était-ce l'heure de la récréation, mais on ne sut nous montrer rien d'autre. Nous avons fui, et fuyons toujours, en esprit, ce lieu lugubre. D'une certaine manière, c'était presque aussi désolant que le spectacle de la rue des Poissonniers, et l'angoisse, - la nôtre, bien sûr, semblait déteindre jusque sur la verdure.

Les demoiselles au pair

Et puis, nos chères Hollandaises s'en vont. La valse des demoiselles va reprendre, pour un temps. Les candidates reculent devant la perspective du handicap - comme d'habitude, le plus souvent, avant d'avoir vu Marine. Comment le leur reprocher ? Autant mesurer ses forces le plus tôt possible. Une expérience, entre autres, a bien montré que la bonne volonté, la gentillesse, ne suffisent pas. Il s'agit d'une jeune scandinave qui a répondu à l'appel de l'association dont nous faisons partie. Elle déclare son inexpérience, mais souhaite faire un essai. Après une période d'apprentissage en commun, voici ce que je trouve après m'être absentée une demi-journée : Marine, terrée sous la table de la salle à manger, refusant d'en bouger - la demoiselle en larmes. Il paraît que ça dure depuis midi. Les jours suivants, rien ne s'arrange. Démission, autres larmes, regrets. Mais je n'oublierai jamais ce coup de téléphone, une semaine plus tard, pour savoir comment allait Marine, et si nous avions trouvé quelqu'un d'autre.

UN TOURNANT

Oui, nous avions trouvé quelqu'un d'autre, qui renonça. Puis ce fut l'association qui renonça. C'était la panne sur tous les fronts, car le sursis de l'école venait à échéance. De surcroît, tous les poissons de l'aquarium sont morts. La cage de verre éteinte, désertée attend de trouver une place dans la cave qui, déjà, déborde. Ce spectacle donne le ton du naufrage à tout ce que nous faisons. Le grand-père va mal, on lui a découvert un cancer, et la grand mère ne tourne plus rond. Le père, lui, ne tourne qu'à moitié. Tout cela, sans nul doute, retentit sur Marine qui prend des airs d'épave. Je craque de mon côté avec une fièvre de 40°, et pour couronner le tout, on m'envoie faire un tour à l'hôpital pour y soigner un anthrax interminable.

Cette série noire ne va pas durer. Lorsque je reviens à la maison, au bout d'une semaine, nous recevons de bonnes nouvelles : nous avons enfin un appartement parisien. Cela n'arrangera pas tout, certes, mais il fallait d'abord sortir de notre ornière, pour vivre sur une terre plus ferme et pour tenter un parcours de progrès - mais qui ne cessera jamais d'être un parcours de combattants.

UN BILAN DE SIX ANS

Avant d'aborder cette période qui commence à l'automne 1972, alors que Marine a six ans et demi, je voudrais établir un bref bilan des acquisitions faites jusqu'à ce point. J'ai déjà parlé de ses acquisitions motrices liées à son démarrage dans la vie, mais pas suffisamment de ses réactions et de son caractère. Trois expressions majeures me semblent bien étiqueter ce bilan, la première émanant de son entourage, les deux autres de Marine elle-même : COMÉDIENNE - MENON - TOUPA.

Comédienne, elle l'a été dès l'âge de trois ans. Lorsque son regard longtemps vide et triste s'est mis à s'allumer, on y a trouvé bien de la malice, de la provocation - du jeu. Toutes choses évidemment très positives et très joyeuses, mais quelle épreuve ! Par moments, Marine fait des embarras pour tout, pour bouger, pour sortir, pour quitter les W.C., pour essayer des vêtements dans les magasins. Notre Hollandaise, Els, l'a bien vu, et l'appelle souvent « comédienne », ce dont Marine se souvient encore.

Els m'a relayée quelques heures par jour pendant les deux années où Marine, sortant de l'état larvaire, manifeste de plus en plus sa personnalité. Marine met en scène la plupart des petites opérations quotidiennes, à commencer par le départ à l'école. Comme il est convenu qu'il faut à tout prix faire bouger Marine, et non pas la transporter comme un objet, le temps ne devrait pas compter. Or, il compte quand même et c'est de cela que naissent les difficultés. Les difficultés, mais également les progrès. C'est le respect minimal des horaires scolaires qui permettra à Marine, par la sédimentation des années, d'accéder progressivement à la notion de temps. Il faut se montrer intransigeant sur ce point, et la comédie du départ pour l'école va se répéter chaque matin. Jusqu'au jour où Els inventa un système parfaitement efficace pour faire décoller Marine. Els dit : « Bon, je m'en vais toute seule », sort sur le palier, repoussant la porte sans la faire claquer. Dans l'instant qui suit, Marine se précipite à la suite d'Els. Cela s'institue en rite ; on avait donc trouvé la clé, et la serrure avait bel et bien joué. La clé…

Il y a toujours un système à trouver pour déclencher un démarrage. Souvent, la répétition suffit, comme le tour de manivelle renouvelé un nombre imprévisible de fois pour mettre en marche les voitures d'antan. Bien d'autres fois, c'est plus compliqué. Il faut trouver la petite clé qui fait tourner la serrure, la petite clé qu'on peut mettre des mois ou des années - ou quelques heures - à trouver, dans un arsenal difficilement dénombrable. Il faut dire qu'à la longue, on finit par développer un sixième sens pour trouver plus rapidement la bonne clé, en procédant à un premier tri par catégories. Un type de clé à recommander en pareil cas, c'est celui de la diversion. Une autre comparaison possible relève de l'électricité et non plus de la mécanique ou de la serrurerie. Si l'enfant se trouve comme débranché, il faut trouver une prise par laquelle le courant passe, sans crainte - au contraire - de passer du coq à l'âne. On peut aussi choisir un terrain de comparaison thermique : pour qu'une ébullition se produise, il faut que la chaleur monte, à la mesure de l'intérêt éveillé. Mais il est un cas où Marine se montre totalement rebelle : lorsqu'elle est occupée à dessiner. Elle a beau manifester l'intention de se tirer de là, en criant par intermittence « J'ai presque fini » : rien ne se produit avant qu'elle ait terminé. C'est à se demander si elle ne se trouve pas comme charnellement investie dans ce travail, dans le papier Canson, dans les feutres, les tire-lignes et les règles. Dans ces heures-là, rien d'autre ne compte, pas même l'heure des repas.

Revenons à la petite comédienne, qui joue, mais en même temps cherche à s'affirmer par le refus. Déjà à deux ou trois ans, elle s'amuse à hocher la tête en répétant inlassablement, avec un air goguenard, « ménon, ménon, ménon, ménon. » Et c'est en l'imitant qu'on la fait rire, et c'est en riant qu'elle va lâcher prise.

Quant au « toupa » que nous avons annoncé, ce fut l'un des tout premiers mots de Marine, protégeant avec son avant-bras son assiette, où sa sœur faisait mine de chiper quelque chose. Bien que, par tradition, la famille fût d'humeur partageuse, Marine s'est souvent réfugiée dans cette mimique pour marquer les limites d'un territoire minuscule, puis grandissant : « Toupa mon zaffaire. »

Les soutes de la trisomie

On dira plus tard comment, un jour, Marine a montré qu'elle emmagasinait tout un vocabulaire, tout un langage bien structuré et même bien articulé, qui ne sortait qu'à chaud, qui giclait sous une poussée affective bien précise. Si cela était possible, c'est que Marine avait accès à un matériau réel, abondant, renouvelé, et permanent, puisé dans son environnement.

Si je me permettais quelque grandiloquence, pour mieux marquer le coup, je dirais « O parents de trisomiques, que deviendraient des enfants"normaux"s'ils étaient confinés dans des lieux certes protégés, mais fondamentalement appauvris ? Si tous les enfants ont besoin de soleil, les handicapés mentaux en requièrent plus. Si tous les enfants ont besoin de culture, les handicapés, trisomiques ou autres, en requièrent encore et encore. » Tout ce qui est parcellaire, tout ce qui est vase clos, tout ce qui est monotone, accroît le handicap. J'ai vu cela de près, en plusieurs occasions, dont je préfère ne point parler. Et que l'on ne vienne pas me dire, par exemple, que les trisomiques sont plus ou moins « marqués ». Hormis, bien entendu - je l'ai peut-être déjà dit - les cas où le handicap mental et physique se trouvent mêlés trop lourdement, et où le terrain se trouve irrémédiablement amoindri. Mais je crois profondément qu'un trisomique ordinaire (c'est-à-dire, qui n'est pas polyhandicapé) qui végète, végète simplement parce qu'on ne l'a pas réveillé. Il est ankylosé, déprimé, complexé, abruti, parce qu'il n'a pas été suffisamment, ou à temps, entraîné, stimulé, consolé, provoqué. Cela, il faut qu'on le sache. Moi-même, je ne l'aurais peut-être jamais découvert si notre généticien ne me l'avait soufflé lorsque Marine avait tout juste trois semaines. Aurais-je découvert par moi-même le secret que bien des médecins soupçonnent peut-être, mais ne se soucient pas toujours suffisamment de faire connaître ? Ou bien, l'aurais-je découvert à temps ? Et qu'aurais-je pu imaginer si j'en étais restée aux images insupportables de la rue des Poissonniers ? S'il ne m'avait pas été donné de voir, lorsque Marine avait trois jours, ce que ce médecin anesthésiste avait tiré de son enfant ?

C'est que la conscience du handicap, d'un autre côté, accable secrètement nos enfants trisomiques. Lorsqu'ils mûrissent, il leur arrive d'en parler. Cela, les parents le savent bien. Mais les éducateurs ont-ils souvent l'occasion de le découvrir assez tôt ? Marine, comme tant d'autres, sait parler de son handicap. Elle me demande souvent si ca n'est pas « dans la tête ». Elle me déchire lorsqu'elle laisse tomber un « Je peux pas » gémissant, en jetant je ne sais quel manche après je ne sais quelle cognée. Nous nous sommes aperçus de cela pour la première fois, un jour où nous parlions, entre adultes, de mongolisme, en oubliant la présence de Marine. Marine, dans une explosion de colère, se mit à hurler : « Mongolien, mongolien, je veux pas mongolien. »

Q.I.

Je voudrais évoquer un épisode assez pittoresque qui se situe à la jointure des deux périodes dont je vais bientôt aborder la seconde. Il a trait au problème du langage, et en même temps, du fameux Q.I. dont il avait été question, périodiquement, du côté de l'école. Il y a donc du Q.I. dans l'air depuis un certain temps, mais Jean de Grouchy n'est pas très inspiré pour nous en faire tenter l'expérience. On est enfin d'accord pour essayer, puisque ça ne devrait pas faire de mal, et pour que rien ne soit négligé. Dans un service approprié, nous venons au rendez-vous, à trois, papa-maman-Marine. On m'invite d'abord à entrer avec ma fille. Une psychologue préposée à cet exercice lui pose des questions dans des termes dont je sais qu'ils ne peuvent avoir aucune prise sur elle - lui montre des images dont je puis percevoir qu'elles ne lui diront absolument rien, dans cette grisaillerie d'imagerie à la mode du dix-neuvième siècle (intentionnellement, on le sait, mais...) : à elle qui vit et voit par la couleur. Toute cette histoire me fait penser insolemment à une plume de dessous de queue de ramier, posée sur une queue de paon pleinement déployée. Marine aurait tout aussi utilement dialogué avec un extra-terrestre - et encore, si cet extra-terrestre eût été comme E.T. (qui n'était pas né) cela se fut sans doute beaucoup mieux passé. La langue parlée par cette psychologue ne pouvait que lui être totalement étrangère, car les concepts, plus encore que le vocabulaire, ne sont pas choisis à sa mesure, ne font pas partie de son savoir. Au bout d'un certain temps, on me demande d'intervenir, pour convaincre Marine de sortir de dessous la table. Selon son habitude, en cas de dépaysement (on se souviendra de ses premiers contacts avec une demoiselle au pair scandinave), elle continue à se réfugier sous une table en refusant d'en bouger. Si j'avais pu dire : « On s'en va. », Marine aurait probablement bougé, mais il ne s'agissait que de lui faire abandonner sa cachette, et je n'ai rien obtenu. Exit mater, venit pater. Le père aura plus de succès, apprendrai-je par la suite, dont voici le détail. Au bout d'un moment, le père et la fille sortent du bureau de la psychologue; mais ils n'ont pas l'air heureux. On nous convoque chez l'assistante du chef de service où nous venons pour la première (et jusqu'à présent la dernière) fois. Elle étudie un document qui doit être le rapport concernant le test. Le test ! Elle nous dit : « Qu'est-ce que ça veut dire, ça : que Marine semble comprendre l'anglais mieux que le français ? » Nous expliquons ce que cela peut vouloir dire : le papa de Marine s'est toujours adressé en anglais à nos trois enfants, sans exception, de sorte que Marine comprend en anglais les mêmes choses que d'autres, dans la famille, lui disent en français. En ce qui concerne le test, papa a pu transmettre à Marine un message qu'elle a pu recevoir non parce qu'il était formulé en anglais, mais parce qu'il avait trouvé la clé qui tournerait dans la serrure du moment. Peut être aussi, tout simplement, avait-il plu à Marine de quitter son dessous de table lorsque papa le lui avait demandé (en anglais donc). D'une manière ou d'une autre, il fallait que le message passe la rampe, quelle qu'ait été la langue utilisée.

Notre interlocutrice a l'air profondément agacée par cette histoire et demande qu'on lui apporte... le dossier de la psychologue. Elle le consulte, observant à haute voix que cette personne est entrée en service le matin même ; je ne sais si ce sont ses murmures, ou mon imagination, qui me font entendre que ce premier jour pourrait bien être le dernier ? Pour terminer, elle déchire des papiers dont on ne saura jamais s'ils sont ceux du rapport sur Marine ou ceux du dossier de la psychologue. On ne nous demanda en tout cas, plus rien du tout. Nous nous saluâmes aimablement, et repartîmes avec Marine - qui ne fit aucune difficulté pour cela.

Je dirai à ce propos que le bilinguisme pose évidemment des problèmes - mais c'est un lien très fort entre Marine et son père. Alors, on continue. De mon côté, je ne pratique pas le bilinguisme, ou l'ambilinguisme, pour stimuler Marine, elle en fait déjà assez comme cela. Mais je pratique une méthode empruntée à un ami rabbin, qui l'utilisait afin de soutenir l'attention de son auditoire. Cela consiste à s'arrêter au milieu d'un mot, de temps à autre afin d'inciter ses interlocuteurs à compléter ce mot. J'ai commencé ce jeu très tôt, avec des comptines très simples que j'inventais pour Marine. Pendant combien de mois nous sommes-nous contentées de « petite sou... ris, toute jo... lie ». Le gros du vocabulaire français acquis par Marine est passé par ces chemins-là.

Quels souvenirs Marine a-t-elle pu garder de cette enfance ? Il est difficile de faire la part des choses. Souvenir - ou image ressuscitée à partir de récits ultérieurs ? Il y a incontestablement souvenir réel, au moins pour une scène dont je vais donner le détail. Le grand-père de Marine portait une perruque. Âgé et malade, il fit un jour une chute au moment où nous nous trouvions là. Sa perruque roula par terre. Marine avait alors quatre ou cinq ans. Elle en fut fortement impressionnée. Je suis certaine que nous avons évité de parler de cette scène - et que, si nous l'avions fait, cela n'aurait pas été dans les mêmes termes. Car Marine, bien longtemps après l'incident, nous déclara à plusieurs reprises que « Papi, il est tombé, il a DEUX TÊTES. » Ce fut l'une de ces stupéfiantes déchirures dans la nébuleuse mentale de Marine (nébuleuse pour nous). On en rencontrera d'autres par la suite.

Un autre tournant

La période qui va suivre sera celle d'une initiation à la vie en société tous azimuts - avec l'installation dans une cité universitaire, et l'accès aux apprentissages les plus variés, parfois les plus inattendus.

La vie à la Cité sera l'insertion progressive de Marine dans une société d'adultes extrêmement large, variée, parlant toutes sortes de langues. Milieu animé, et animant s'il en est. Marine subira le contrecoup de toutes sortes de tension, d'agitations, répercutées par le noyau familial. On verra comment elle accusera ce contrecoup souvent négatif. Ce qui fut clairement positif, c'est d'une part ce que j'appellerais un enrichissement notionnel, considérable - et d'autre part, l'apprentissage sportif. Je prendrai ces points l'un après l'autre.

PERSPECTIVES ET OBSTACLES

Tout ce qui est abstrait est lettre morte pour Marine - et, je pense, pour la plupart des trisomiques. L'abstraction étant difficile à communiquer, l'emploi d'un certain langage laisse la communication souhaitée au point mort, alors que la substance du même message se transmettra sans effort par un autre moyen. Autant dire qu'un trisomique à qui l'on veut transmettre un message se montre réceptif et intelligent à tel interlocuteur - buté et abruti à un autre, la substance du message demeurant la même. Le récit du test Q.I. relaté au chapitre précédent sous-tend partiellement cette opinion qui peut être justifiée et généralisée en fonction aussi de ce que j'ai pu noter chez d'autres trisomiques.

Parmi les notions auxquelles Marine a pu, à longueur d'années, accéder par des voies concrètes, ou peut citer d'abord celles d'« études », et de « travail » ; de « langues, française et étrangères », et, à partir de là, de « pays étrangers, d'éloignement, de voyage ». En d'autres termes, des notions de travail (noyau de tout un champ notionnel économique), de lieu (noyau de tout un champ notionnel géographique et historique). C'est déjà tout un univers où la réflexion peut se mouvoir, et, plus tard, s'exprimer. Mais il faudra sans doute plusieurs autres années avant d'en dire plus - et peut-être pourrai-je, à ce moment-là, rectifier, clarifier ce que je dis. C'est que la notion de temps qui passe et se mesure va seulement éclore (sans formulation abstraite possible) chez Marine, dans sa dix-neuvième année. J'ai déjà quelques solides indices montrant que là encore, cette appréciation du temps peut provenir de l'environnement, des nouvelles expériences concrètes dont la possibilité lui est offerte, et qui manquaient au contexte des périodes précédentes. Ceci confirmerait que la construction, la structuration mentale, en tout cas chez Marine, pourrait être liée beaucoup plus à la nature de l'environnement qu'à une maturation - beaucoup plus aux caractéristiques de l'espace qu'à l'œuvre du temps. La piste est ouverte à l'avenir, et à la discussion.

Le facteur mimétique est très important, sur le plan du travail. Marine a commencé très tôt à se mettre *en situation* de travail, à l'image de ses parents, et de ses frère et sœur. Passer du temps assise devant sa table, à gribouiller d'abord d'interminables pages de zigzags, puis de vagues dessins. Ensuite, à copier des pages et des pages de mots : à l'origine, un texte et, en enfilade, des reproductions de plus en plus défectueuses des mots de ce texte.

Mais les dessins, eux, ont évolué en coloriages, puis de coloriages en véritables tableaux dont la confection est, aujourd'hui encore, au centre de sa vie. Nous les laisserons parler d'eux-mêmes un peu plus loin.

Côté lecture, Marine passe des heures dans un fauteuil - ou un long moment dans son lit, le soir - à tourner les pages des livres qu'elle affectionne, et qui ne sont pas nécessairement des livres d'images, au contraire. Elle en prend parfois dans notre bibliothèque. Elle aime aussi dire, en soupirant : « J'ai beaucoup de travail ». Lorsqu'elle n'avait pas encore huit ans, on avait toutes les peines du monde à la faire décrocher de ce travail (cela continue) par exemple aux heures des repas. Elle s'agrippait à ce qu'elle était en train de faire, comme un arapède à son rocher. Et c'est encore pire lorsqu'il s'agit non d'une « lecture » ou d'une copie, mais de l'une de ces œuvres picturales qui lui font déployer un véritable tempérament artistique. (Cela se produira assez constamment jusqu'à sa vingtième année).

Toujours dans le domaine du travail et de l'apprentissage de la lecture, (pour lequel rien ne sera encore véritablement acquis à trente ans), il faut mentionner deux de ces mystérieuses montées de sève qui ont déchiré, à une demi-douzaine d'années de distance, la chape lourdement plombée, du handicap. Marine avait dix ans (ce qui entre dans la période abordée dans ce chapitre) lorsque j'ai fait l'expérience suivante : j'ai commencé par écrire très distinctement (elle connaissait déjà très bien toutes ses lettres) une liste d'une quarantaine de mots désignant des objets familiers. Des mots qu'elle ne parvenait cependant pas à lire, ou qu'elle ne parvenait pas à déchiffrer autrement qu'en égrenant les lettres qui les composaient. Je me suis livrée à un petit chantage tout à fait inhabituel en lui proposant une plaque de chocolat (qu'elle adorait mais qu'on lui mesurait chichement, car il nous était conseillé de limiter les sucreries) *immédiatement* si elle identifiait très, très vite, le mot « chocolat » sur cette liste. Je dois dire que le « très très vite » ne signifie généralement rien pour Marine, pas plus à vingt qu'à dix ans. Mais là, elle trouva sa propre vitesse, car il ne fallut pas plus de quelques instants pour que Marine mette le doigt sur le mot « chocolat ». Je n'en suis pas encore revenue.

En faisant ici l'inverse d'un flash-back, un saut dans l'année 1985, j'indique une expérience similaire qui a permis à Marine (mais sans le moindre chantage au chocolat ou toute autre substance de son goût) de mettre le doigt sur le nom de la station de métro proche de notre domicile, et qui figurait parmi une douzaine de noms.

Entre ces deux expériences, d'innombrables tentatives similaires, avec ou sans chantage à la gourmandise, ont échoué, ou se sont soldées dans l'incertitude. J'indique cela car il serait trompeur de mettre en relief des éléments d'expérience isolés non seulement de leur contexte, mais de leur répétition dans le temps. Et il peut s'agir d'une image globale du mot - qui elle-même ne serait pas stable. Ceci mérite quelques indications annexes, relevant de l'ophtalmologie et de divers repérages de carences d'ordre purement médical.

Marine porte des lunettes - ou plus exactement, les porte épisodiquement, surtout à l'école et en regardant des films. En tout cas, elle en utilise depuis l'âge de dix ans. Nous allons périodiquement consulter en ophtalmologie ; un jour, la spécialiste découvre une anomalie : une instabilité dans la perception des images. Je ne saurais rapporter les termes exacts du diagnostic, mais en substance, ces images se jetteraient les unes sur les autres, et le résultat serait que Marine *n'a pas constamment la même image d'un même objet, la même image de la même lettre.* Ceci expliquerait donc le cheminement flottant - c'est le moins qu'on puisse dire - de ses efforts de lecture ? Efforts qui la découragent profondément ; et je n'oublierai jamais son ton désespéré, un jour, en rejetant un texte qu'on lui proposait : « JE PEUX PAS ».

Et voilà que l'on découvre encore chez Marine une carence, un dysfonctionnement qui jettent encore de la lumière sur tout cela. On lui connaît depuis des années, depuis pratiquement le début de sa vie, des carences en vitamines qui peuvent être liées à son état de trisomique. Bien plus tard, on comprendra que l'inefficacité des vitamines dont on la bourre périodiquement vient de ce qu'elle ne les assimile pas par voie intestinale. Cela peut expliquer le comportement absolument rebelle des lésions dont elle souffre surtout aux lèvres (ce qui pendant de longues périodes la défigure passablement) ou aux gencives (lésions très douloureuses et qui gênent l'alimentation). Cela pourrait peut-être expliquer les troubles de la vision. Ceci est à suivre. Il est évident qu'on doit en tenir compte en décrivant les difficultés de lecture qui ont particulièrement éprouvé Marine et ses instituteurs pendant les années passées en classe de perfectionnement, entre sept et treize ans.

DES MATERNELLES AU « PERFECTIONNEMENT »

Revenons aux problèmes scolaires. En arrivant à Paris, je n'aurai pas de mal à faire admettre en maternelle Marine qui a donc six ans et demi. La directrice de l'école publique concernée est très accueillante, et fera ce qu'elle pourra jusqu'au bout - un bout qui, toutefois, n'est pas éloigné. L'une des institutrices de l'établissement est assez accueillante, et cela va marcher pendant quelques jours. Marine ne semble pas trop dépaysée, le cadre est charmant, la cantine exquise. Mais la nuit, Marine commence à mal dormir, elle se lève, s'agite. Une nuit, nous avons entendu un bruit lourd et rythmé dans sa chambre où il y avait de la lumière. Marine a pris sa corde à sauter et elle saute, ébranlant bruyamment le parquet. Je suis allée voir la Directrice qui, plutôt ennuyée, m'a confié que la classe s'était accrue d'un bon nombre d'enfants; en conséquence, l'institutrice n'est plus en mesure de lui accorder toute l'attention nécessaire. On s'éloigne encore du phénomène Lerendu - du miracle Lerendu. On change alors Marine de classe. La nouvelle classe est moins pleine mais l'institutrice réticente. Elle a prévenu, semble-t-il, que ça tiendrait ce que ça tiendrait - et cela a vite craqué, à l'occasion de l'absence d'une autre institutrice. Absence qui s'étire de jour en jour sans remplacement, si bien qu'on saupoudre du contenu de sa classe celles qui n'étaient pas encore saturées. Plus de place pour Marine, qu'il nous fallut reprendre. La Directrice ne m'a pas laissée partir sans directives concrètes et quelques confidences que je me dois de ne pas répéter, lui ayant promis la discrétion.

Marine est bientôt accueillie dans une classe de perfectionnement de l'enseignement privé, pas trop loin de notre domicile, sur le trajet d'une ligne d'autobus. Cet autobus, malheureusement, passe quand il le peut, et ne le peut pas de façon prévisible à vingt ou trente minutes près. Avec la bousculade, les longues attentes et les arrêts parfois brûlés, pas question d'apprendre à Marine comment se rendre à l'école toute seule. Le convoyage assuré tantôt par nous, tantôt par une demoiselle au pair, ou des étudiants 0 combien changeants, 0 combien intermittents, posera des problèmes qui nous perturberont longtemps.

Le démarrage va quand même être positif, l'institutrice étant tout à fait compétente. Cela va rouler plus d'une année, et Marine se plaît dans cette classe de huit ou neuf enfants affligés de handicaps divers, parmi lesquels elle se trouve être la seule trisomique. Il est difficile d'obtenir des conseils précis pour stimuler les activités de Marine à la maison, mais une directive majeure nous est donnée à l'école : empêcher Marine, à tout prix, de couvrir des pages de cahiers avec des zigzags stériles.

J'ouvre ici une parenthèse pour indiquer que quatre ou cinq ans plus tard, un instituteur également compétent affirmera qu'il eût fallu laisser Marine gribouiller comme elle l'entendait, que nous avions eu tort de freiner cet exercice spontané; il alla même jusqu'à suggérer que ses retards en écriture étaient dûs au fait qu'on l'avait empêchée de poursuivre librement ces tracés en zigzag au milieu desquels les caractères de l'alphabet semblaient progressivement éclore. Allez donc y voir... le hasard.

Il se peut que ce détournement d'énergie ait poussé Marine à favoriser le dessin et le coloriage; et nous l'avons encouragée avec force boîtes de feutres de tous genres. La peinture ne lui plaît pas, godets et pinceaux vont se desséchant - et c'est ainsi que le feutre va devenir roi.

Bilan scolaire de ces deux ans : Marine va dessiner, dessiner, dessiner; mais elle semble se renfermer. On nous dit qu'elle est peu « participante » en classe. Et nous constatons son attitude par deux fois, d'une année à l'autre à l'occasion des fêtes de l'école. La poignée de handicapés qui est accueillie dans cette école se montre performante et accomplit tout ce qui a été préparé, danses, jeux, etc. Seule Marine, (qui est la seule trisomique du groupe), reste dans son coin et refuse de se manifester.

Comment savoir si ces difficultés viennent surtout du tempérament de Marine avec sa composante trisomique - ou bien du fait que l'approche du trisomique nécessite une pédagogie spécifique ?

Par contre le développement psychomoteur est excellent, et cela est à coup sûr dû à notre nouveau milieu de vie. Marine, dans un rez-de-chaussée donnant sur un parc, est assez libre de ses mouvements. Elle s'est pendant plusieurs mois contentée du jardinet que nous avons pu faire enclore. Puis, elle a préféré d'autres espaces et progressivement orienté ses apprentissages vers le parc. Il lui est souvent arrivé de se perdre un moment, de se sauver en course folle, mais les risques étaient quand même limités. Elle a appris à se repérer plus ou moins. Bien sûr, de longues angoisses ont charrié je ne sais combien d'investigations et coups de téléphone à des voisins. Elle revenait toujours - ou on la trouvait cachée tout près de la maison. Puis on lui fit faire, avec succès, du patin à roulettes, puis de la planche à roulettes avec équipement complet - quel délire de joie ! On commence aussi très tôt l'apprentissage du ping-pong et de la bicyclette. Elle a la chance de pouvoir prendre à longueur d'année des leçons de ping-pong avec un champion - un vrai - qui habitait notre immeuble. Elle a toujours poursuivi ; elle joue avec des adultes, et ses revers sont redoutables. Marine a donc marché sur le double registre de l'entraînement sportif, positif à 100 %, et de l'école (dont on se demanda par la suite si le « roulement » ne tournait pas à vide).

Du côté de l'école, la première éducatrice qui a suivi Marine dans cette institution privée, avec vigilance, avec intérêt, et sans histoires (pendant environ un an et demi) a finalement quitté l'établissement pour raisons de santé. Avec son successeur, les choses se sont mal passées et ne se sont jamais arrangées. Marine est à nouveau perturbée à la maison, bien que l'institutrice nous réponde semaine après semaine, avec un visage fermé, « que tout va bien ». Alors que tout allait mal : cela nous fut révélé par une stagiaire de passage dans cette classe, qui se trouvait être une camarade d'études de notre fille aînée. Nous avons appris que Marine était reléguée au fond de la classe, complètement livrée à elle-même et à ses gribouillages, ou à ses dessins. Sans pouvoir évidemment dévoiler nos sources, nous avons tenté de nombreuses interventions auprès de l'institutrice qui continua à jouer résolument les sphinx. Avait-elle des « principes », ou besoin de préserver cette façade pour consolider sa place dans la maison? Cela ne pouvait pas durer. Marine semblait végéter, était de plus en plus renfermée, malgré les performances sportives auxquelles elle se donnait à fond.

On doit dire que du point de vue gestuel, elle se comportait de façon quasi normale; hormis le fait que sa démarche était encore un peu mécanique (cela devait s'améliorer plus tard, grâce à l'apprentissage de la danse).

Du point de vue du langage, très peu de progrès dans l'élocution. De brèves échappées, sous l'empire d'une émotion un peu forte, révèlent qu'elle stocke tout un arsenal de mots, de phrases même; mais cela ne fait que couver (ce qui n'est après tout pas si mal); elle s'exprime le plus souvent par bredouillements d'où émergent des mots. « Il nous faut, dira l'un de nos amis, un dictionnaire Marine-français ». L'entraînement des mots coupés à compléter (évoqué plus haut) se poursuit cependant; et Marine parvient peu à peu à fournir les fragments de mots qui viennent « pile » lorsqu'on les suscite.

Il est certain que même en période de blocage, de tension, de langueur, elle continue à emmagasiner, à s'entraîner comme en sourdine et en sous-sol, car nous la bousculons, la provoquons, la reprenons sans arrêt - son père surtout, à qui elle devra beaucoup pour sa remarquable évolution langagière.

Et nous l'entraînons absolument partout avec nous, dès que nous sortons. Au cinéma (quitte à partir au bout d'une demi-heure, ce qui se produisit plusieurs fois, même en cours de séances de dessins animés), en visite, à des cocktails d'Ambassade où elle grimpait à quatre pattes l'escalier monumental et même à un Conseil d'Université, un jour où il n'y avait personne pour prendre le relais.

C'est en 1975 que nous avons changé Marine d'école, dès que nous avons trouvé un nouveau terrain d'atterrissage. Désespérant d'y parvenir, j'avais failli mettre un point final à l'expérience des classes de perfectionnement; mais au dernier moment, nous en avons trouvé une dans un autre établissement public de l'arrondissement. Pour s'y rendre, c'est un peu plus long, mais surtout plus compliqué, car il faut changer d'autobus. (Ces détails intéresseront la suite de l'histoire).

Marine a affaire, là, à une institutrice « de pointe », mais qui règne sur un groupe constitué et suivi depuis trois ou quatre ans. « Il aurait fallu qu'elle arrive plus tôt », nous dit-elle. Pourtant, nous avions prospecté largement au cours de nos enquêtes initiales de 1972. Il semble que nous soyons passés au travers de l'information parce que ce groupe ne faisait que démarrer expérimentalement. Ce manque d'information, de coordination au niveau de la carte scolaire aura souvent été désastreux : hélas, l'Incommunication est reine de tant de secteurs de la vie publique - l'Éducation Nationale n'y échappe pas, y compris la zone Handicap, du moins dans les années 70. Et il faut dire, en une nouvelle parenthèse, que le paysage balbutiant et mouvant des classes spécialisées dans les années 70 ne pouvait faciliter la tâche. Les grilles entrecroisées des formations expérimentales (parfois démarrées en cours d'année), des capacités d'accueil, et des recrutements spécialisés, font que les inspecteurs les plus dévoués s'y perdent. Nous avons été à plusieurs reprises épaulés par un Inspecteur de l'Enseignement primaire spécialisé qui prépara de longue date l'inscription de Marine dans un établissement destiné aux trisomiques - il fallait atteindre un certain âge.

Lorsque Marine l'eut atteint, il se trouva que l'établissement était en train de fermer ses portes, au nez d'un bataillon de trisomiques dont les familles misaient sur cette formation tant attendue. Il y avait eu erreur d'aiguillage au niveau du coûteux équipement de cet établissement ; à l'usage, on s'était rendu compte du fait que le maniement des installations n'était absolument pas adapté aux capacités des trisomiques, et les premiers essais avaient échoué. Entretemps, le projet d'existence même de cet établissement avait bouché l'horizon - aucune formation de rechange n'avait été envisagée.

Revenons à la nouvelle classe de perfectionnement, à laquelle Marine ne s'adaptera pas, et qui ne s'adaptera pas à elle. La cantine m'est tout d'abord déconseillée pour les raisons suivantes : des voûtes anciennes, fort belles abritent le réfectoire et répercutent le vacarme des repas d'une façon qui exaspère tout le monde, à commencer par les enseignants de l'endroit. Cela affole Marine qui déteste le bruit (à moins qu'il ne s'agisse de musique, et de percussions rythmées...). Lorsqu'elle est aux prises avec une épreuve qui agresse sa sensibilité, elle a d'ailleurs cette ravissante formule, calquée sur le « J'ai faim », ou le « J'ai soif » : J'AI FRAGILE. Pendant plusieurs mois, on fera revenir Marine de l'école à midi.

Mais tout cela se répercute sur le sommeil de Marine. C'est là un très lourd problème. Comme Marine a besoin de récupérer au moins le mercredi et les week-ends, nous trouvons et payons grassement - une étudiante fatiguée qui vient dormir auprès d'elle. Service grasse matinée tous azimuts en somme.

Aventures nouvelles

Le séjour de Marine dans cette école aura du moins l'avantage de révéler quelque chose d'assez inattendu, pour ne pas dire extraordinaire. Un matin, lorsque nous allons la réveiller, nous ne la trouvons pas dans son lit. Ou découvre que son cartable et sa veste ont également disparu. On fonce sur le chemin de l'école en suivant le circuit de l'autobus - personne. Heureusement, Ketch, le professeur de ping-pong de Marine, s'est mis dans la course : il a l'idée de forcer l'entrée de l'école encore fermée, à coups de carillons chez la gardienne. La gardienne dit que Marine est bien là depuis un bout de temps, qu'elle avait sonné. Elle lui avait ouvert, toute à ses préparatifs matinaux, et elle ne s'en était plus occupée. Marine attendait sagement dans un coin de la cour de récréation. Si l'on songe à la complication du parcours allant de la maison à l'école, on peut admirer la performance. Y était-elle allée à pied (ce qui représentait une bonne demi-heure de marche), ou s'était-elle débrouillée pour prendre l'un des autobus, ou les deux, à une heure trop matinale pour qu'ils soient encombrés - ce qui lui aurait permis, malgré sa petite taille, d'identifier le parcours et les arrêts ? On ne le saura jamais, n'ayant pu tirer de Marine la moindre explication.

Il y avait donc un progrès net car un ou deux ans auparavant, Marine avait eu une aventure semblable qui s'était moins rapidement terminée. Elle s'était sauvée et il avait fallu de longues heures pour la retrouver. Elle portait certes un bracelet gravé à notre adresse, mais cela n'arrange pas tout, comme on le verra un peu plus loin à propos de son escapade à La Baule. Nous avons écumé tout le quartier en nous mettant à plusieurs. C'est du commissariat qu'émana la bonne nouvelle, car une dame du quartier y avait conduit Marine sans s'être aperçue qu'elle avait un bracelet d'identité. Nous avons appris que cette personne avait repéré Marine qui pleurait, assise sur un banc, effectivement du côté de l'école (mais cela devait être un mercredi). La voyant perdue et incapable de s'exprimer, elle l'avait conduite au commissariat. Lorsque Marine vit arriver sa sœur au commissariat, elle était tout à fait consolée. Assise en tailleur sur une table, elle tenait une sucette dans chaque main, ce dont elle était fort aise. En partant, elle a tenu à faire la bise à tous les agents du poste de police (qui furent peut-être moins contents d'entendre cette réflexion de la sœur aînée : « Eh bien ! Ce n'est pas souvent que ça vous arrive ! »).

A propos de l'autobus, un souvenir, l'un de ces longs et lourds souvenirs qui paraissent cocasses, qui le sont en fait, mais s'associent à des difficultés pesantes, récurrentes. Marine affectionne certaines places dans les autobus : celles qui sont les plus proches de la sortie et n'ont pas de vis-à-vis. Pour les mêmes raisons, bien sûr, nous occupons ces deux sièges le plus souvent possible. Mais lorsqu'ils ne sont pas libres, Marine ne comprend pas. Elle pense avoir des droits dessus et s'en prend aux gens qui les occupent. Tantôt, les personnes concernées comprennent sans qu'on ait besoin de leur donner d'explication - d'autres fois, elles s'indignent et protestent, et il faut s'expliquer mais non pas accepter que ces places soient abandonnées, ce qui serait une bien mauvaise politique. Il faut en pareil cas expliquer pourquoi il vaut mieux ne pas céder la place revendiquée par Marine. Que d'agitation ! Mais cela va progressivement se tasser. Marine finira par comprendre qu'en certains jeux, telle chose peut revenir à une certaine personne, et non pas à une autre.

Puisque nous en sommes aux autobus, je dirai qu'un seul incident désagréable, vraiment désagréable, s'est produit, sur de si nombreux voyages. Et cette fois, Marine n'avait rien fait de particulier, elle était sagement assise à côté de moi. Un usager hargneux, remarquant son handicap, dit à très haute voix : « Ces enfants-là, ce n'est pas dans un autobus qu'ils devraient être, c'est au Cirque Pinder ! » (sic). Je n'ai pas eu besoin de protester, il s'est fait huer par plusieurs autres usagers.

Les entêtements de Marine ne se limitent pas aux autobus. Mais nous sommes bien décidés à ne pas nous laisser avoir à l'usure. La sœur aînée de Marine (qui, voie toute tracée mais combien délicate - va consacrer plusieurs années à l'éducation spécialisée), entre dans le jeu lorsqu'elle en trouve le temps. Par exemple, pour présider aux essayages de vêtements dans les grands magasins, tâche que je ne me sens pas en mesure d'affronter toute seule. Une anecdote illustre cette épreuve sportive.

Marine refuse d'essayer un pantalon. De guerre lasse, je vais m'asseoir sur une chaise en dehors de la cabine, laissant son tour à la sœur aînée. Cinq, dix, quinze minutes, rien. Vingt minutes, rien ne bouge. Je vais enfin mettre le nez entre les rideaux, pour voir mes deux filles installées par terre, à des angles opposés, le nez piqué dans une bouderie parfaitement calculée des deux côtés. Je ressors, me rassieds. Au bout de je ne sais combien de temps, voilà le dégel, les éclats de rire, et les essayages se font sans plus de difficulté. Mais le temps, le temps qu'il faut trouver et vivre, alors qu'il y a tellement d'autres choses à faire, peut-être moins importantes, mais qui n'attendent pas ! Heureusement qu'il y a les nuits, les samedis et les dimanches...

Voici d'autres circonstances, quasiment rituelles, où Marine nous fait affronter cette sorte de blocage. Comme elle trotte bien maintenant, je l'emmène parfois faire quelques courses en revenant de l'école. (Notons que ces blocages, ces pannes rebelles, ont dans l'ensemble coïncidé avec cette période de sa scolarisation). Marine se fatigue vite, ce qui pourrait être une explication. Mais j'ai le souvenir qu'elle ait fait cela après s'être reposée un bon moment : se plaquer sur le pavé et refuser d'en bouger d'un centimètre. Une enfant d'une dizaine d'années, pas trop petite et bien bâtie, ne se manie pas facilement. Il reste les objurgations, inutiles. L'expérience me montre que, tout comme dans une cabine d'essayage, le temps seul agit. Il faut attendre, et de temps à autre, lui saisir une main ou un bras, doucement. Un tour de manivelle, deux tours de manivelle... combien de tours de manivelle ? Et voilà, cette fois c'est la bonne et tout repart. Cela va s'améliorer considérablement vers sa douzième année.

Vacances entre six et dix ans

Pour les vacances, ayant épuisé les ressources et les charmes de la maison d'accueil familial dont il fut question plus haut, nous allons faire des tentatives diverses, dans l'ensemble assez peu réussies. Deux expériences, dans le parc national de la Vanoise, une à La Baule en 1974. Parfaitement désenchantés, nous passerons l'été 1975, de triste mémoire, à Paris, avec l'expérience d'un Centre aéré. Tout cela mérite au moins quelques lignes.

Côté Vanoise, cela tourne à vide. Marine s'ennuie, et comment trouver des enfants de son âge qui s'intéressent à elle si elle ne peut partager leurs jeux, toujours trop compliqués ? Divers collègues ont bien essayé de m'envoyer leurs enfants, sans doute avec toutes sortes de recommandations. Au bout d'un petit moment, ils sont désemparés, ils s'ennuient, ils s'en vont, et ne reviennent jamais. Marine a donc pris le parti de s'échapper toutes les fois qu'elle le peut. Pour ça, elle n'est ni amorphe ni léthargique ! Parfois, c'est seulement un jeu de cache-cache qu'elle apprécie beaucoup plus que nous. Bien sûr, nous lui avons fait faire l'un de ces bracelets gravés qui constituent maintenant une belle (?) collection-souvenir, un catalogue de nos vacances passées : bracelets de St. Maurice de Rotherens, bracelet d'Aussois, bracelet de La Baule, bracelet de Six-Fours, bracelet de Montferriez-sur-Lez, et j'en passe.

A Aussois, nous rencontrons des religieuses charmantes qui tiennent, en été, une garderie d'enfants pour les gens du pays. A temps partiel, mais dans un local agréable et dans un jardin. Marine est très bien accueillie, et participe comme elle le peut aux jeux des autres enfants. Elle apprend à faire (plus ou moins) des « merveilles », ces beignets aux formes noueuses dont on fait des buissons tout dorés.

Parenthèse sur les merveilles. Marine en est tellement enchantée qu'un matin, à Paris, levée en catimini, elle essayera d'en fabriquer dans la cuisine. Le désastre. Un froufroutement suspect nous alerte, et nous la trouvons en train de faire des merveilles en mettant n'importe quoi dans un saladier, œufs brisés avec leurs coquilles, eau, corn flakes, poudre de chocolat, morceaux de pain, que sais-je encore. Elle voudrait, bien sûr, qu'on cuise tout ça.

Les vacances du côté de Montpellier, et à la Baule, auront quand même un côté très positif. Marine va apprendre à nager, et s'en tirera fort bien. Mais à La Baule, le séjour devient bientôt pénible. Quand on n'est pas sur la plage, Marine n'a qu'une idée, c'est d'y retourner. Mais, hormis le fait qu'on ne peut y passer toute la journée, les séjours sur la plage posent aussi bien des problèmes, car Marine agace les estivants, du moins, certains estivants Si elle reçoit un accueil aimable, elle est capable de s'asseoir à côté d'un baigneur inconnu, et de rester là tranquillement, s'il lui parle. Il n'en est pas toujours ainsi, et de toute façon, elle prend les jouets des autres enfants. Impossible de lui faire comprendre qu'elle ne peut disposer d'un jouet qui ne lui appartient pas. On devine la suite. Elle cherche à se sauver de la maison, qui n'est pas entièrement clôturée côté jardin. Une surveillance perpétuelle est impossible en raisons des peines de cœur de la demoiselle au pair du moment, (qui rêve intensivement) et des peines de cœur (d'un autre ordre) de la grand-mère, qui vient d'être opérée, et que nous avons emmenée avec nous. Nous laissons un peu rouler les choses, mon mari et moi, comptant sur le fait que Marine aura peur de rester seule sur la plage. En fait, l'alternance plage/maison ne se passe pas mal - pour un temps. Mais un jour, après le déjeuner, Marine s'éclipse. On ne la retrouve pas dans la foule proche de la maison. On finit par alerter le commissariat - ce qui est inutile car on s'entend dire (à juste titre) que sur une plage envahie par quelques trois cent mille estivants... il ne faut pas s'inquiéter. Les enfants perdus, nous dit-on, se récupèrent rituellement vers 19h30, lorsque les gens sont presque tous rentrés chez eux. C'est bien ce qu'il faut faire, en cherchant à calmer les angoisses de la grand-mère éplorée. Quant aux nôtres... A dix-neuf heures trente, on fait une longue randonnée en voiture, le long de la plage - puis, à pied, sur la plage déserte. Retour à la maison. Marine n'est toujours pas revenue. C'est autour de vingt-et-une heures qu'une superbe voiture bleue s'arrête à la porte. Un couple d'estivants scandinaves a trouvé Marine qui pleurait sur une murette de leur jardin - ils ont longtemps cru qu'ils ne comprenaient pas suffisamment le français pour interpréter ce qu'elle disait, mais ont fini par découvrir le bracelet. Ouf ! Mais si ça recommençait ! En fait, cela n'a pas recommencé, l'aventure a servi de leçon à Marine. Nous lui disons souvent : « Alors, tu files sur la plage ? Vas-y, va là-bas, avec plein de gens » (« plein de gens », pour elle, c'est la foule, les groupes, les réunions) - elle pique alors du nez, d'un air piteux. Il faut dire que quand nous l'avons récupérée, elle était dans un état lamentable, suant, pleurant, sa robe déchirée (nous n'avons pas compris comment). Elle ne s'est plus jamais sauvée, mais le charme (si tant est que charme il y eût) était rompu. Et c'est pourquoi, comme je l'ai déjà dit, nous n'avons pas eu le cœur de bouger l'été suivant.

Été 1975, Marine a neuf ans et demi. Elle est acceptée dans un des « centres aérés de la Ville de Paris ». La conjoncture est bonne. Le chef de centre connaît bien ma fille aînée et veille au grain. L'institutrice qui prend Marine dans son groupe est passionnée par les handicapés ; elle est enchantée de Marine et Marine est enchantée du groupe. Tout se passe sans anicroche pendant la première quinzaine. Mais on change de moniteurs tous les quinze jours. On passe là du Paradis en Enfer. La nouvelle équipe ne comporte personne qui soit, comme on dit, sensibilisé au problème. La nouvelle institutrice reçoit Marine... comme une tuile. Dès le premier matin, au départ, elle a la franchise de nous déclarer que Marine n'a pas sa place dans un groupe de ce genre. Elle refuse d'entendre parler du groupe précédent. Ce n'est sans doute pas, comme on dit encore, « son problème ». Qu'y faire ? Incident sur incident, drame sur drame. Le Centre aéré n'en veut plus ; et il ne pouvait en être autrement. On se rabat sur le bienheureux ping-pong, la piscine, mais évidemment, avec des adultes, toujours des adultes. Et toujours les mêmes, papa et maman. Les aînés sont en vacances, des vacances bien nécessaires, et la dernière demoiselle au pair en date (on ne peut plus les dénombrer) est allée rejoindre l'orchestre philharmonique qu'elle avait déserté en passant par la drogue - ce dont nous nous étions avisés trop tard.

Ceci devait au moins nous donner le courage de tenter à nouveau des vacances hors maison. Mais avant de passer à la tranche suivante de notre itinéraire (1976-1979), dont le matériau peut être plus condensé, disons un mot des « petites vacances » intermédiaires que Marine a passées à Pâques et à Noël.

Son frère qui alors a vingt ans, navigue entre trois pôles : la taupe de Janson - une espèce de taudis qu'il s'est aménagé Boulevard Voltaire pour y travailler tranquillement - et une vallée cévenole où, d'ailleurs, dix ans plus tard, je me retrouve pour écrire ces pages. Il y a emmené Marine à trois reprises, afin que nous nous reposions. De loin, les conditions de vie dans cet endroit nous paraissaient assez proches de celles des primates dans une période reculée de la préhistoire (nous avons progressé depuis). En tout cas, l'expérience fut triomphale. Marine revenait chaque fois le teint hâlé, les cheveux au vent et, sanglé sur ses hanches, un jeans indescriptible qu'elle n'avait pas dû quitter de tout le séjour. Elle s'était parfaitement adaptée au « petit déj' ! » pris à trois heures de l'après-midi, au repas central (façon de parler) pris entre 22 heures et 2 heures du matin, avec la pizza hétéroclite plaquée toute chaude sur une table dantesque, au sommeil sans draps sous de vieux bouts de couverture et quasiment aux quatre vents. Mais que de visages familiers, taupins et taupines, habitués du Boulevard Voltaire, et aussi de visages nouveaux, - en somme, la grosse rigolade. Cet épanouissement nous donnera l'idée de lui faire faire du scoutisme. (Elle commencera à onze ans - et cela va durer une dizaine d'années).

Le premier évènement, c'est que Marine, au retour de son premier séjour en Cévennes, restait propre la nuit. Nous avions peine à croire à ce progrès extraordinaire et soudain.

Marine a maintenant onze ans. Elle est gracieuse, elle a de beaux cheveux châtains. Elle est mince (elle prendra par la suite plusieurs kilos, au moment de la puberté, et les gardera en trop jusqu'à ce qu'elle se mette sérieusement à la danse). Et puisque nous sommes dans le domaine du corps, parlons un peu de ses sinus et de ses dents enfin, des pansements...

Santé et puberté

Marine a eu tout au début, dès l'âge d'une semaine je crois, des problèmes d'écoulement nasal. J'avais bien remarqué que cela avait coïncidé avec une première sortie de quelques minutes - j'entends, sortie de la pouponnière et passage dans un endroit qui m'avait paru moins chauffé. Je pensais que c'était un léger rhume mais tout le monde me dit, des infirmières au médecin de service en passant par le pédiatre - que tous les mongoliens sont comme ça, que c'est une question de morphologie. Et j'ai pris cela pour de l'argent comptant. Nous avons bien sûr, par la suite, consulté un oto-rhino-laryngologiste, qui nous a tenu le même discours.

Cet état dura bien quatre ans, avec des soins épisodiques. Je songeai enfin à en parler au Dr. de Grouchy, qui nous envoya chez un médecin de son entourage. Ce médecin, oto-rhino-laryngologiste, ni moins ni plus que les précédents, ne croyait pas à cette histoire de défaut de fabrication. Il me dit qu'en effet, il était parfois difficile de soigner, de guérir les trisomiques, peut-être parce qu'on hésitait à leur administrer des médicaments classiques. Il me proposa de tenter un traitement (de Bactrim) avec précaution, ce que j'acceptai. Au bout de huit jours, Marine était guérie, définitivement, de cette « sinusite chronique incurable. » Il lui arriva, au cours des quinze années suivantes, d'avoir une petite rechute, une seule fois, et qui fut vite enrayée. En fait, pendant trois ou quatre ans, Marine avait surtout été malade d'une idée reçue.

Il en fut quelque peu de même pour ses dents. Impossible d'obtenir qu'elle ouvre la bouche chez un dentiste. Nous en essayâmes deux. Aucun succès. Il me fut dit, par ces dentistes et de plusieurs côtés, qu'il n'était pas rare, dans de semblables cas, qu'on attende une franche dégradation de la dentition pour procéder à une anesthésie générale et soigner. Je remuai encore une fois ciel et terre. De Grouchy lui-même paraissait sans ressources magiques de ce côté-là. J'allais abandonner la partie lorsque j'entendis parler d'un cabinet dentaire pas comme les autres, réservé aux enfants : l'Institut George Eastman. J'y conduis Marine. Dans le hall, on trouve une immense volière avec des colombes. Voyant cela, Marine prononce ce mot qu'on ne lui avait jamais entendu dire : « rigolo » et elle fonce vers les colombes. Je lui explique qu'on vient pour voir non les colombes, ou pas seulement les colombes, mais (aussi) un dentiste. J'explique le « cas » au service ; on me dit tout de suite : « C'est le Dr. M. qu'il faut voir ». Le Dr. M. est venue, a pris Marine par la main (on peut obtenir des merveilles en prenant un trisomique par la main) et l'a conduite vers une salle pleine de petits fauteuils à la taille des enfants. Un peu plus tard, Marine, que j'avais attendue dans le hall, est revenue toute rayonnante et toute fière. Depuis ce jour, elle a accepté tous les soins dentaires sans faire la moindre difficulté, et réclame au contraire le dentiste plus souvent qu'il ne le faudrait.

J'ai annoncé les pansements. Et ce n'est pas une moindre affaire. Marine - et cela semble coïncider à l'origine avec une assez longue période de désadaptation scolaire - se met à réclamer des pansements en tout. Elle cherche visiblement à se faire remarquer, et c'est aussi une façon de se faire dorloter. Cela durera bien au-delà de cette période d'insatisfaction scolaire, car on aura des « crises de pansements » même en période d'épanouissement en EMPro alors qu'elle a dix-sept ans passés. Elle commence à chiper du Tricostéryl, que nous cachons, mettons sous clef. Alors elle attrape n'importe quoi, des bouts de ruban, des bouts de tissu. Une nuit, je suis allée jeter un coup d'œil dans sa chambre car elle m'avait parue un peu bizarre et elle semblait cacher quelque chose sous l'une des manches de son pyjama. Bien m'en prit, car elle avait trouvé une bande Velpeau et s'était serré le bras à tel point qu'il lui fallut des heures pour reprendre un aspect normal. Bonne occasion de lui montrer le mal qu'elle se faisait. Autant aller jusqu'au bout dans l'affaire des pansements, en débordant sur les autres périodes. Nous avons endigué le recours au Tricostéryl non pas en freinant la consommation, mais au contraire en lui en offrant une douzaine de rouleaux pour son anniversaire. Il y avait du Tricostéryl partout, et elle en fut bientôt dégoûtée. Cela nous donna l'idée de faire la même chose pour le Scotch, dont elle consommait des rouleaux avec une ardeur exemplaire. On lui acheta un rouleau géant avec un énorme distributeur en plomb, qui l'apaisa. Un jour - dix ans plus tard - elle mettra ce distributeur à la poubelle. On put le récupérer une fois. Puis il disparut à jamais. Mais les bandages sont revenus en première ligne lorsque, après divers accidents, je dus en utiliser pour ma consommation personnelle. Il fallait dissimuler les bandages de rechange avec une vigilance sans faille, sinon on trouvait Marine transformée en momie, avec tous les inconvénients que cela offrait, surtout la nuit. Il fallait vérifier ce qui se passait sous les jambes et les manches de son pyjama, lorsqu'elle dormait, car il lui arrivait de réussir à cacher un bandage dans sa chambre, et à se ficeler après que nous ayons procédé aux rites de la Nuit. A plusieurs reprises, malgré notre vigilance, nous lui avons trouvé un bras ou une jambe munis de bandages horriblement serrés. Ce fut un moment bien difficile. Il lui arriva même, après avoir essuyé plusieurs refus, de revenir à la charge avec une main ensanglantée. C'est horrible à dire, mais elle avait pris le couteau à viande le plus effilé, dans la cuisine, et s'était tailladé non pas profondément, mais en de multiples endroits, la paume de la main.

Tout cela passera, et Marine abandonnera un jour toutes ces histoires de pansements.

Marine aborde une nouvelle phase de son existence. Elle aura normalement ses règles, au cours de sa douzième année - en cycles souvent très douloureux, mais extrêmement réguliers. Les affrontements familiaux vont être très durs. Mais on s'y attendait. J'avais entendu de plusieurs côtés parler de crises pubertaires qui avaient contraint des parents à « placer » leurs enfants trisomiques.

Mais il est difficile de faire la part des choses, et de savoir ce qui, du comportement perturbé de notre Marine, est imputable à la puberté, ou à la nouvelle école à laquelle elle ne s'adapte pas non plus. C'est tout un ensemble de choses, et je vais à toutes fins utiles, me contenter de décrire les principaux points positifs ou négatifs, qui me reviennent à l'esprit.

LANGAGE ET COMMUNICATION

Je pense d'abord au langage qui semble suivre difficilement son évolution. C'est qu'elle mûrit, réfléchit, et prend conscience de ce dont elle a besoin : de ce qu'elle veut et de ce qu'elle ne veut pas (pour de bon et non par refus systématique). Elle devient, en somme, raisonnable pour bien des choses de la vie, soins médicaux, promenades, habillement (mais pas en toutes choses, comme on le verra). Et le langage suit difficilement. Pourtant, quelques incidents révélateurs vont montrer l'éclosion, comme le jaillissement de phrases-clés, de surcroît parfaitement articulées, et même avec une voix - du moins une intonation - différente.

La première de ces phrases m'a laissée stupéfaite, et je ressens encore cela aujourd'hui. Nous avions alors une vieille Opel que Marine aimait bien. Pour occuper Marine, pour éviter qu'elle ne tourne à vide ou ne passe trop d'heures à gribouiller ou dessiner, pour éviter d'avoir à courir après elle à droite ou à gauche aux moments les plus inopportuns, je l'embarquais à bord de la voiture où elle était confortablement installée. Je lui racontais des histoires, elle regardait le mouvement des rues, s'endormait parfois. Elle m'observait avec vigilance, toujours prête à guetter mon visage et à me tendre très rapidement, tout débouché, le flacon de médicament approprié lorsqu'elle percevait le retour de mes vieilles douleurs d'estomac. Cela pouvait durer des heures. Combien de fois nous sommes-nous embarquées au fil de Paris, souvent au hasard, d'encombrement en encombrement, avec le spectacle de la rue à l'extérieur et à l'intérieur de cette nacelle improvisée, la gaieté et la paix !

C'est à l'occasion d'une de ces sorties que nous nous sommes trouvées un après-midi Place de la Bastille, dans un chassé-croisé de voitures à la Dubout. Une voiture nous fit une queue de poisson au plus serré et resta bloquée brusquement, bien que sans nous toucher, perpendiculairement à l'avant de notre voiture. C'est alors que j'entendis une voix inconnue qui criait très fort « IL EST BOUCHÉ CE MEC ». Pendant quelques instants, j'ai sottement cherché qui avait bien pu prononcer cette phrase parfaitement distincte, mais les portières étaient fermées, car il faisait froid, il n'y avait aucun piéton alentour, dans cette pagaille - il fallut se rendre à l'évidence, seule Marine avait pu dire cela.

Marine commençait en effet à produire, fort à propos, des phrases. On pouvait les compter sur les doigts, ces phrases, mais elles en disaient long. « JE RÉFLÉCHIS DANS MA TÊTE », « J'AI BEAUCOUP DE TRAVAIL ». « J'AI PAS ENVIE », et ce « LA PROCHAINE FOIS », qui nous est devenu extrêmement précieux : cette formule est devenue notre Sésame pour résorber son entêtement à réclamer quelque chose d'impossible ou d'intempestif. C'est bien elle qui a proposé ce dérivatif, peut-être pour garder contenance lorsqu'elle se rend compte qu'elle n'aura pas gain de cause. Nous reprenons ce petit truc par jeu, et cela joue avec sa complicité : « la prochaine fois. »

Mais les phrases uniques, jaillissantes comme cet inoubliable « Il est bouché ce mec », sont plus rares. Elles sont d'autant plus significatives, car on se rend compte qu'elles proviennent comme d'une source chaude, à la faveur d'un choc, d'une crainte, d'une colère. La plus impressionnante est survenue pendant une période de tensions familiales à laquelle j'ai déjà fait allusion. Marine a rempli un sac d'objets hétéroclites et fait mine de s'en aller en criant sur un ton exaspéré : « JE VEUX UN AUTRE PAPA, JE VEUX UNE AUTRE MAMAN. »

Faire des paquets devient par ailleurs une habitude. Cela devient même délirant. Tout se transforme en paquets, les objets les plus divers disparaissent - ou alors il faut tout enfermer, et ce sont les clés qui disparaissent, ou bien nous qui oublions où nous les avons mises. Cela se produit surtout lorsqu'un départ en vacances est en vue, ou un départ en week-end avec ses amies scouts. Marine profite de la moindre inattention pour stocker et emballer, puis cacher le paquet, le sac ou la valise, ou le sac à dos. Il faut chercher sous les lits, derrière les meubles. Il nous est même arrivé de retrouver à l'intérieur d'une valise préparée par nous, des objets hétéroclites - et par contre, d'autres objets, qu'il fallait emporter, avaient été subtilisés.

La clé de tout cela, n'était-ce pas un besoin d'activité que nous ne trouvions pas les moyens de canaliser, de satisfaire ? C'était en tout cas un langage.

Marine a trouvé un autre moyen de communiquer à sa manière : le téléphone. Toutes les fois qu'elle en a l'occasion, nous l'entendons gazouiller au téléphone, former n'importe quelle combinaison sur le cadran, et gazouiller encore. Nous nous apercevons qu'elle attend d'accrocher une sonnerie, puis une voix inconnue, au hasard. Quelquefois, le courant passe, et nous entendons, d'un autre poste, Marine qui a engagé la « conversation » avec un interlocuteur anonyme qui entre dans le jeu, ou croit un moment qu'on lui fait une farce. C'est peut-être navrant, mais cela ne fait de mal à personne et il faut bien voir l'aspect positif des choses. On achète alors des petits postes de téléphone pour enfants, et voilà un nouveau jeu dont on peut dire que Marine l'a choisi.

Nouveaux loisirs - Nouvelles écoles

Pour « socialiser » Marine et aussi pour pouvoir respirer un peu de temps à autre, nous allons miser sur le home d'enfants recommandé par la maman d'une petite trisomique.

Ce home d'enfants est en montagne ; il est dirigé par une vieille dame - infirmière à la retraite tout à fait extraordinaire. Depuis des années, on y accueille par principe un petit pourcentage d'handicapés mentaux, peut-être une demi-douzaine, pour une soixantaine d'enfants. Le site est superbe, l'installation confortable, le personnel bon enfant, et Marine y prendra ses habitudes. Elle va, entre huit et quinze ans, y passer deux ou trois semaines de temps à autre, surtout à Noël ou en été.

Quant à l'école, c'est un nouvel établissement qu'elle va fréquenter de onze à treize ans. Encore une fois en panne, nous étions sur le point de faire une demande d'inscription en EMP (Externat Médico-Pédagogique) lorsque des parents d'handicapés rencontrés je ne sais plus où, nous indiquent une école parisienne, une école primaire publique, dotée de classes dites de perfectionnement. Encore une fois, des classes qui n'étaient pas répertoriées là où il l'eût fallu, lors de nos enquêtes. Marine y restera un peu plus de deux années scolaires. La troisième rentrée est perturbée par des problèmes de recrutement (l'instituteur précédent n'est pas remplacé et plusieurs « essais » vont se succéder en quelques semaines).

Le paysage de ces années, alors que Marine a onze, douze, treize ans - est celui d'un temps couvert, avec des percées d'ensoleillement qui réchauffent, et le passage ralenti d'interminables blocs de nuages qui tantôt s'épaississent et s'assombrissent - tantôt s'éclairent à la limite de la transparence : lorsque l'« ON FAIT LA FÊTE ». C'est l'expression de Marine en bien des occasions improvisées, avec de charmantes attentions - table mise (n'importe comment, on ne parviendra à lui apprendre comment mettre la table que vers quinze ans), fleurettes et herbes rapportées du parc, dessins coloriés dont elle nous inonde, signés de tous ses prénoms qu'elle reproduit à la perfection et sans erreur, et portant le nom des destinataires, parents, frère et sœur. (A toute personne qui a pour elle un geste aimable, dans un magasin, à la loge du gardien, à un médecin, elle déclare :

« Je te fais un dessin. ») Mais les débuts et fins de journées sont hérissés de difficultés. Il y a d'abord ces épouvantables convoyages qui s'imposent quotidiennement. On emploie toutes sortes d'expédients et de relais pour assurer le trajet. Très tard, nous découvrirons l'existence de macarons GIC (Grand Invalide Civil) délivrés par le truchement de la COTOREP, alloués aux trisomiques, ce qui facilitera au moins le stationnement pour les courses ; car du côté de l'école, on ne trouve même pas d'emplacement interdit, tout est plein. Et si on emprunte l'autobus, il faut également beaucoup de temps aux lignes du 62 et du 67 ! Pas question de métro de ce côté-là ! D'ailleurs, avec les escaliers, les changements, on n'aurait pas songé à y traîner Marine. Les étudiants temporairement embauchés ne tiennent pas longtemps : il est si difficile de combiner un horaire avec ceux des cours en faculté. On finit par faire l'acquisition pour Papa d'une Vespa, et le « cheval » alternera avec la voiture. Marine est enchantée des deux, mais le morcellement de nos emplois du temps est pénible. D'autant que le facteur fatigue est particulièrement important pour un trisomique, je m'en rends compte de plus en plus. Sous cette apparence épanouie qui est souvent la leur, il y a un fond carentiel, dépressif, qui grève le déroulement des journées.

Dans l'ensemble, rien ne tourne plus rond à l'école ; par des pressions plus ou moins délicates, on nous engage à mettre notre Marine entre les mains d'une psychologue, dans un centre lié à l'établissement. Mais non pas, hélas, proche de cet établissement. Nouveau tronçon de transports, donc au sortir de l'école, car les entrevues avec cette psychologue doivent, nous dit-on, avoir lieu hors du cadre scolaire. Le jour où je découvris que plusieurs camarades de Marine (presque tout le monde y passait) étaient servies sur place, pendant les heures d'école ou pendant la demi-heure suivant la sortie. Le cadre scolaire était-il à déconseiller pour les uns, à conseiller pour les autres ? Ou bien le critère réel était-il simplement l'ordre d'inscription des enfants et le remplissage des carnets de rendez-vous ? J'eus le tort de poser la question - qui fut plutôt mal reçue. C'est que le trajet supplémentaire, avec les encombrements, est infernal, de même que le problème de stationnement aux abords du centre - même avec une GIC. J'ouvre ici une parenthèse : une psychologue du centre me déconseille formellement d'utiliser notre macaron GIC car « cela pourrait traumatiser Marine » (sic). Puis, il y avait le chien du centre, qui terrorisait Marine et que la gardienne... ne gardait pas. Et deux ou trois étages interminables, dans une bâtisse aux plafonds extrêmement hauts. Au sommet de tout cela, une dame, qui, dès le début, ne plut pas à Marine.

Les séances avec cette personne ont été totalement négatives. Marine rechigne, en sort toute excédée. Nous avons néanmoins persévéré pendant des mois, tout en demandant que Marine bénéficie dès que possible des consultations sur les lieux de l'école, les prestations ajoutées aux journées déjà fatigantes ne pouvant que compliquer la situation pour tous. Le résultat plus ou moins rapide est que la psychologue se désista et qu'une autre vint prendre sa place. Encore un « miracle Lerendu » ! La nouvelle psychologue, Claire (je ne suis pas près d'oublier son nom) fait le coup de foudre avec Marine. Au lieu du silence, derrière la porte de la salle d'attente, j'entends des éclats de rire. Marine sort de là hilare, frétillante comme dans les jeux que nous partageons à la maison. Claire se dit enchantée de sa nouvelle recrue. Au bout de cinq ou six visites dans ce nouveau contexte (nous supportons beaucoup mieux le petit cauchemar des transports intermédiaires), Claire nous dit que ses services sont superflus, que Marine a sans doute des difficultés d'intégration dans sa classe, que la famille est probablement survoltée, mais qu'elle n'y voit pas matière à « traitement » prolongé.

Notons ici que toute famille a les problèmes (ou les privilèges) spécifiques qui retentissent sur la trisomie. D'autres familles de trisomiques se seraient certainement trouvées devant les mêmes difficultés si elles n'avaient pas eu par exemple, une grand-mère à temps complet pour suppléer à ces tâches. Et/ou, par bonheur, un établissement adéquat proche du domicile. Les parents qui jouissent normalement de l'école la plus proche, ou bien d'un ramassage scolaire quotidien, même dans les campagnes les plus perdues, ne connaissent pas leur bonheur. Si seulement un établissement scolaire par quartier avait UNE classe adéquate, ce serait déjà un progrès exemplaire et moins de familles se trouveraient obligées de « placer » leur enfant handicapé dans des établissements qui coûtent, certainement, infiniment plus cher à l'État. C'est ce qui fut tenté dans un certain Ministère aux travaux duquel je participai un temps dans les années 1970, mais tout en est parti, comme on dit, en eau de boudin ; Les difficultés sont énormes, pour commencer, du fait que la formation des instituteurs spécialisés est une denrée rare, et que les vocations en ce sens, aussi, sont rares.

Pour en revenir au Centre d'aide psychologique. L'année suivante, ayant lié connaissance avec d'autres parents d'enfants des classes de perfectionnement concernées, j'eus la consolation (mêlée d'encore plus de tristesse) d'apprendre que les résultats de ces opérations Psy étaient franchement négatifs pour d'autres que Marine. Les parents n'osaient pas s'en plaindre, de crainte (je l'espère, à tort, mais le fait est là) de mécontenter les autorités compétentes, et de compromettre le maintien de leur enfant dans cette école d'une espèce si peu commune dans Paris (et sans doute ailleurs).

En compagnie

Il reste que Marine a des difficultés en classe. Elle en a également dans son groupe de scouts, un groupe (nous avions mis deux ans à le trouver) qui fonctionne assez loin de notre domicile, de surcroît - mais où nous la conduisons régulièrement. Et la Vespa roulait à plein ces jours-là, pour la plus grande joie de Marine. Mais au bout de quelques expériences, elle ne s'y est plus rendue qu'en maugréant et j'ai eu l'indiscrétion de vérifier si l'optimisme des responsables de son groupe n'était pas plus philosophique que justifié. Ce ne fut pas très difficile, car le regroupement se faisait dans une cour d'école dont le portail restait entrebâillé pour les retardataires. Il s'agissait, je dois le préciser, non d'une « meute spécialisée » mais d'un accueil au sein de groupes d'enfants « comme les autres ». Je lâche donc Marine dans cette cour et j'observe, par l'entrebâillement de la porte. Marine reste plantée au milieu de la cour tandis que les autres enfants restent plantés de leur côté, sans une parole, la dévisageant sans faire le moindre geste d'accueil. La tension est évidente - ce n'est pourtant pas, on le sait, la première fois que Marine vient ici. Cela semble se prolonger interminablement lorsque la responsable, qui connaît Marine, l'aperçoit, fonce, lui prend la main, l'embrasse, et tout va déjà mieux. Mais j'en conclus que pour Marine, le groupe est rétréci à une seule personne, adulte, ou du moins adolescente, et que les ponts sont loin d'être jetés avec le groupe.

On en changera bientôt et alors Marine tombe sur une équipe assez extraordinaire où quelques animateurs mènent tambour battant un groupe hybride composé de trisomiques et d'handicapés moteurs très atteints. Un local moins lointain, ce qui ne gâte rien. Et cela va rouler sans le moindre accroc pendant deux années, jusqu'à ce que Marine ait atteint la limite d'âge pour cette formation. Le groupe va se disperser pour laisser la place à d'autres enfants.

Il ne faut pas quitter cette équipe sans dire un mot des vacances de Pâques en roulotte, qui furent le couronnement de ses efforts. Une roulotte à cheval sur laquelle on entassa grands et petits, et une partie du matériel. Une estafette suivait ou précédait, avec le plus atteint du groupe (un garçon paralysé, déformé, muet, qui tenait en oblique une tête instable, avec des yeux pleins de joie) - et le reste du matériel. Il faisait froid pour la saison, et Marine était passablement enrhumée. C'était vraiment l'aventure. Huit jours plus tard, tout ce petit monde était de retour, rayonnant, en parfaite santé, la tête pleine de souvenirs par ailleurs consignés dans un film qu'on projettera au milieu de trépignements de joie.

FLASH-BACK

C'est ici que trouve sa place un épisode antérieur de quelques années. Car il illustre de façon convaincante - mais hélas, tragique - l'importance de l'élément « rencontre » dans la vie d'un handicapé. Marine avait à un certain moment une petite camarade particulièrement démolie par un handicap. Cette enfant avait une tête quasiment cylindrique, une bouche figée et presque sans lèvres, des mains comme des tronçons inachevés. Son intelligence était, je crois, assez bien développée - et sa sensibilité plus encore. Son adresse enfin - oui, son adresse était remarquable : elle parvenait à jouer au ballon. Je me sentais très proche d'elle et je la voyais souvent aux sorties de classe. Il me vint à l'idée de l'inviter un jour à passer l'après-midi à la maison. Les parents de cette fillette, dont j'oublie le prénom, parurent bouleversés, reconnaissants à l'extrême, et la conduisirent chez nous au jour et à l'heure dits. Tout se passa admirablement, et nous fîmes des projets pour la rentrée suivante, car on était en juillet.

Le lendemain, la directrice de l'école m'annonce, les larmes dans la voix, que la petite camarade de Marine est morte dans la nuit. Peu après, je recevais des parents une lettre admirable, en même temps douloureuse et consolatrice, me disant que leur fille était morte dans la joie - peut-être bien des suites d'une joie ? - celle d'avoir été invitée pour la première fois de sa vie. Cela avait-il cassé, au plein sens du terme, un cœur mal fait pour cette joie de vivre qui est, malgré tout, le partage de tous ?

ÉCHECS ET PERFORMANCES

C'est en milieu scout que Marine apprendra la convivialité. De cette convivialité, elle avait déjà fait l'expérience - fructueuse, nous l'avons vu - dans les Cévennes. Mais je suis en passe de me demander ce que peut valoir un groupe sans la présence charismatique, ou catalysante, comme on voudra, d'au moins un membre de ce groupe. Celle du grand frère dans les Cévennes - celle de tel ou telle (avec un nom bien précis) dans le groupe scout. Ainsi, même des années après les avoir perdus de vue, Marine se souvient encore d'Aude et de Benoît. Elle gardera certainement en mémoire un grand nombre de prénoms du groupe auquel elle appartient actuellement.

Mais, entre ces deux groupes, il y eut un essai malheureux avec une équipe menée par des idéalistes, qui d'ailleurs virent leur équipe se désintégrer en peu de mois. Leur projet éducatif, solennellement annoncé en réunion préparatoire était irréalisable.

Une expérience qui a fini par échouer complètement avec Marine est celle de leçons de musique. Nous avons, pendant toute une année, pris, les samedis après-midi, le chemin de Massy pour conduire Marine chez un professeur de musique. Celle-ci avait mené à bien quelques expériences d'enseignement du rythme à des handicapés. Avec Marine, cela a mordu très irrégulièrement. Elle fait des caprices et se comporte comme une enfant de deux ans alors qu'elle en a douze. Nous avons persévéré jusqu'à la limite du possible, puis abandonné pour un temps. Je crois que nous avons souvent pris bien de la peine dans des entreprises qui n'ont pas mieux marché au bout de plusieurs mois, qu'elles n'avaient marché au tout début. Mais d'autres fois, la persévérance s'est montrée tellement payante, que nous préférons le plus souvent prendre le risque d'un échec au bout d'un chemin long et lourd. Ainsi, pour la danse ; c'est seulement vers seize ans, on le verra un peu plus loin, que Marine s'y mettra sérieusement, après des tentatives décevantes ou bien à moitié réussies.

Pour nous qui marchons dans le bourbier du quotidien, celui d'un couple d'enseignants déjà surchargés, la gestion du temps extérieur aux heures de classe de Marine est une chose compliquée. Il faut y mêler tout le non-fait refoulé par les heures de travail, et cela mord sur les soirées, les week-ends - et les vacances. Notre politique (et nous ne le regrettons pas), a toujours été de mettre Marine dans le coup au maximum. Il y a belle lurette que nous avons renoncé aux Ursula, aux Fatima, aux Cynthia, aux Greta, aux Manuela, ayant épuisé les ressources du Marché commun hors du commun, en ce qui nous concerne - ou plutôt en ce qui concerne Marine, qui a bien montré qu'elle n'en voulait plus. L'épreuve suprême fut peut-être celle de cette exquise demoiselle, dont j'oublie le nom et la nationalité, qui perdit totalement le geste et la parole au bord d'une baignoire où Marine, en pleine forme ce jour-là, avait versé un flacon entier de Badedas (grand modèle). La mousse montait vers le plafond, Marine y plongeait et replongeait en poussant des gloussements, dans un délire indescriptible. Et lorsque papa était intervenu pour lui donner une claque sur les fesses et la retirer de l'eau, la main paternelle avait dérapé sur la mousse et Marine avait replongé de plus belle. Adieu demoiselles en ruptures de ban, d'argent, de cœur. Marine avait gagné sa partie.

Somme toute, le développement - disons somatique - de Marine a été excellent, excepté ces lésions rebelles aux lèvres ou aux gencives dont on reparlera un peu plus loin. De Grouchy, qui n'a pas coutume de dorer les pilules, trouvait ce développement extraordinaire. Tout cela est évidemment du damier en noir et blanc, dans la vie quotidienne, et le plus important était de jouer dessus sans s'arrêter. Les petites prouesses de Marine (tout est bien relatif) ont impressionné quelques personnes bavardes, au point de nous valoir la visite d'un service de la Télévision (je ne suis pas sûre de la chaîne, peut-être la deuxième), pour négocier un bout de film avec interview. On nous a délégué Jacques Fansten et son équipe. Journée mémorable entre toutes, dont voici un petit aperçu.

Au jour J, à l'heure H, une camionnette est arrivée pour préparer le terrain et installer le matériel. On choisit le salon qui donne sur un mini-jardin tout blanc, car il vient de neiger abondamment. Au bout d'un moment, Fansten arrive - mais on vient de s'apercevoir qu'il manque une pièce importante du matériel. La camionnette repart. En attendant, on bavarde, et Marine, intéressée, déploie toutes sortes de grâces - elle est très à l'aise. Mais les lampes sont restées allumées, la température a monté. Marine s'énerve, elle a chaud, on ouvre la porte-fenêtre. Marine, qui en a assez, est allée mettre ses bottes en douce et fonce dans le jardin. La camionnette revient. Marine ne veut plus entendre parler de ce qui se passe dans le salon où maintenant tout est en pagaille, avec des fils partout, le perchman qui rampe, les lampes qui chauffent, et Fansten qui pose des questions. On aura bien du mal à récupérer Marine et à en tirer quelque chose. Ça passera quand même, tant bien que mal, au petit écran, avec une perspective de suite lointaine, qui a fui.

Un fait est certain, Marine n'est pas - disons apprivoisée comme le sont plus ou moins les enfants de son âge (avant de repartir vers les horizons sauvages de l'adolescence). Sans doute ce côté fantasque fait-il partie intégrante de sa personnalité. C'est vers dix-huit ans seulement, qu'elle deviendra, en profondeur, raisonnable, méticuleuse jusqu'à la maniaquerie, sociable avec tous (ou presque) et dans l'ensemble assez bien adaptée à la vie. Avec en contrepartie de petites crises de langueur ou d'entêtement Il y aura toujours un peu de « ménonménonménon » et de « toupa » ; et plus tard, cette chambre sacro-sainte, impeccable, tissée de ses œuvres, où l'on ne doit pas pénétrer sans y avoir été invité dans les formes. Mais ce n'est pas encore le cas vers la fin de sa treizième année, lorsque la fameuse école sombre dans les eaux de la Seine - cuisant échec - un jour de novembre 1979. Échec « scolaire » certes. Mais cette période aura laissé au moins une œuvre, on pourrait même dire un chef-d'œuvre, sous forme de tableau de grande dimension où Marine a su mettre une extraordinaire image de l'Île Saint-Louis, avec la Seine sous un pont, et des fenêtres éclairées de l'intérieur.

Quel a été le dénouement qui a sonné le glas de l'école « normale », ou plutôt semi-normale, pour Marine ? Voici le chemin de ce dénouement, et ce dénouement lui-même, qui eut lieu un matin de novembre 1979.

TAXIBULANCES

Marine était déjà passablement perturbée l'année précédente, la seconde passée dans cette école. Elle avait alors un instituteur fort compétent, mais avec qui elle ne parvenait pas à communiquer. La preuve en était que jour après jour, matin après matin, au moment de partir pour l'école, elle me demandait avec insistance « un message pour P... » afin de le tenir informé de mille et mille choses qu'elle aurait fort bien pu lui dire elle-même. C'était l'année dont la première moitié avait été assaisonnée par l'expérience du Centre d'Aide Psychologique, épreuve au bout de laquelle, malgré l'intervention bénéfique de Claire (voir plus haut) nous avions littéralement craqué. Les problèmes de convoyage devenaient insupportables, et nous avions dû renoncer à trouver un chauffeur de taxi qui consentît à prendre Marine en charge quotidiennement. Nous avions l'avantage à double tranchant d'habiter au milieu d'un parc d'accès difficile sans explications compliquées : chose impraticable avec un chauffeur inconnu et qui n'était jamais le même. Il eût fallu un immeuble avec un numéro, donnant sur une rue, permettant au moins d'endurer à l'abri les interminables attentes au départ, et l'accueil au retour. Après d'incroyables démarches dans un dédale administratif impossible, nous avons fini par atterrir à la préfecture, dans le bureau d'une personne dont la diligence et l'amabilité nous firent grand bien. Nous avons alors appris que Marine avait droit, dans Paris, à un convoyage... en ambulance, remboursable même par je ne sais quel service ministériel. La solution n'était pas idéale du point de vue, disons, psychologique. Mais cette personne voit bien que nous sommes au bout du rouleau, et elle nous le conseille ; elle prend en main elle-même toutes les démarches, y compris la recherche d'une compagnie gérant des mini-ambulances de ce type dont j'oublie le nom. En pleine année, elle a du mal à insérer Marine dans le planning du chauffeur d'un de ces véhicules, mais elle y parvient. On fournit un carton comportant toutes les indications nécessaires pour trouver notre adresse, franchir le barrage des grilles qui sont gardées par des équipes changeantes auxquelles on ne peut donner de consignes permanentes. Le carton, hélas, ne sera pas toujours transmis à qui de droit dans le bureau de la compagnie, et nous aurons les pires ennuis. Comment décrire les attentes le matin, arme au pied, durant parfois une heure ou même une heure et demie. Et le soir, Marine, arrivant avec un retard sur l'horaire raisonnablement prévisible, allant jusqu'à deux heures (entre 18 et 20 heures !). Marine comprend beaucoup de choses qu'elle parvient à nous expliquer ; nous apprenons ainsi que le chauffeur prend en charge beaucoup de monde, probablement pour son compte puisque le patron semble l'ignorer (à moins qu'il ne soit de connivence), et termine sa tournée avec elle. Sans doute parce que notre domicile situé près d'une porte de Paris, facilite le retour à la base par le périphérique ? On imagine l'état nerveux de Marine sans parler du nôtre. La « taxibulance » (on a inventé cela pour dédramatiser le tableau, car Marine sait parfaitement ce qu'est une ambulance et avait demandé si elle allait à l'hôpital) est un échec dramatique, et sera le naufrage de l'expérience scolaire en cours.

Fin de l'école

C'est un jour de la fin novembre 1979 que, rentrant chez moi comme toujours, avant le retour de Marine, je la trouve déjà là, en compagnie de son père. Tous deux ont un visage fermé. Un coup de fil du directeur avait battu le rappel. En résumé, il s'était passé ceci. Marine était plongée dans l'exécution d'un de ses fameux dessins lorsque la nouvelle institutrice (en fait, la troisième depuis le début de l'année) l'a rappelée à l'ordre. Marine n'a rien voulu savoir. J'apprends par mon mari, qui l'a appris de l'institutrice elle-même, que Marine, en colère, est montée sur la table en déversant des noms disons d'oiseaux, qu'on n'oserait pas répéter. Pour compléter l'information, j'apprendrai le lendemain, du directeur et non point de l'institutrice, que cette dernière avait déchiré le dessin de Marine, et que la réaction avait pris la forme verbale que nous ne citons pas. Toutes choses infiniment regrettables. Marine fut abondamment réprimandée, et pour marquer le coup, il fut décidé de la garder trois jours à la maison.

L'institutrice, qui vient de quitter un EMP pour l'école publique (bien qu'elle se déclarât franchement opposée à l'intégration des handicapés...) fait des difficultés pour la reprendre. Dans ce contexte et faute de solution de rechange à l'intérieur de l'école, il faudra chercher "autre chose". Cette fois, ce sera l'EMP ! Nous avions voulu jouer le jeu de l'intégration en milieu ordinaire. Le bout est là.

Il nous faut demander, nous explique-t-on, le changement de statut scolaire de Marine. Il faut qu'elle sorte de l'enseignement public pour entrer dans le cadre des EMP. Nous faisons diverses fausses manœuvres pour tenter d'obtenir un transfert immédiat. Peine perdue, car Marine se retrouve entre deux chaises pour un bout de temps. Une fois la demande de transfert effectuée, elle ne peut plus retourner, même provisoirement, à l'école précédente. Et elle ne peut pas être admise en urgence en EMP sans l'avis formel d'un psychiatre. Nos interlocuteurs, dans divers services compétents, ne savent rien des enfants trisomiques et ne comprennent pas qu'elle n'ait jamais encore été suivie par un psychiatre attitré. Je fais grâce du détail rocambolesque de l'affaire, qui repassera par le Centre où la psychiatre responsable ne connaît Marine que pour l'avoir croisée dans les couloirs, et se désiste. Après un temps, il apparaît que le certificat du psychiatre n'était pas absolument nécessaire. Nous avons en poche un nouveau « certificat de trisomie » de Jean de Grouchy (certains services administratifs en demandent le renouvellement comme s'il s'agissait de troubles temporaires) que nous remettons à qui de droit (je ne sais plus trop qui) pour obtenir enfin une liste d'établissements spécialisés fonctionnant en externat dans la bonne ville de Paris.

Cette période aura été la plus agitée de la vie de Marine, qui devient comme insaisissable, complètement affolée. Des pressions sont exercées sur moi, plus ou moins discrètement, par des amis hélas plus bienveillants et conseilleurs, que coopératifs : il faudrait « placer » Marine. Or Marine est en pleine puberté, il ne faut pas l'oublier. Il faut tenir bon à tout prix.

Je dois dire que dans les pires moments, Marine saura d'ailleurs résoudre son agitation elle-même, en procédant à des déménagements fantaisistes d'objets, de meubles et même de chambre (comme la grand-mère ne vient presque plus séjourner chez nous, elle navigue entre deux chambres). Il me semble qu'il vaut mieux, puisque nous en avons encore la possibilité, laisser le ballon rebondir et filer de côté ou d'autre en cette semi-liberté, que de risquer l'arrêt brutal, même temporaire, du « placement ». Et il n'y a jamais eu de moment paroxystique de cette crise où Marine n'ait cédé et basculé dans l'apaisement, d'un instant à l'autre, lorsque je la prends dans mes bras en la serrant très fort. Elle a besoin d'éprouver une force palpable en même temps qu'une présence affective. Il lui faut un butoir tout rembourré de tendresse.

STAGES ET EMP (Externat Médico-Pédagogique)

Après l'épilogue que nous savons, Marine partagera son temps, pendant deux mois, entre nous, et divers stages effectués dans une demi-douzaine d'EMP parisiens. Le premier établissement que nous ayons contacté nous paraît intéressant à la fois par son profil pédagogique, et sa situation sur une bonne trajectoire d'autobus. On nous y reçoit à bras ouverts. Mais nous avons tôt fait les frais d'une totale disharmonie - c'est le moins qu'on puisse dire - entre direction, psychiatre et assistante sociale de l'établissement. Le psychiatre nous a fait savoir qu'il n'avait pas besoin de voir Marine - mais qu'il nous recevrait. Il nous reçoit, laissant Marine dans le couloir. Nous avons le temps d'entendre le directeur demander à l'assistante sociale - qui l'envoie vertement sur les roses - de montrer la maison à Marine, pour occuper son temps. Le psychiatre qui nous reçoit, mon mari et moi-même, nous fait parler assez longuement. Il ne cesse de faire une tête « à caler un corbillard en pente raide », comme disent, je crois, les Normands. Il ne dit absolument rien, nous congédie et nous retrouvons Marine accroupie et grelottant dans un coin, car le couloir n'est pas chauffé. Le directeur, par contre, nous réchauffe le cœur par son amabilité, nous annonce une convocation pour que Marine puisse faire un stage dans la maison. Trois jours plus tard, nous recevons une lettre du psychiatre, qui est une fin de non-recevoir. Lorsque nous téléphonons pour avoir des explications, le directeur nous dit sa stupéfaction : il n'a pas été informé de cette mesure. Quant au psychiatre, il nous dit sèchement que « le profil des parents » (sic) ne convient pas à l'établissement. Par la suite, j'ai rencontré la maman d'une enfant qui a séjourné dans l'école en question. Elle a eu, elle, le "profil" et le psychiatre l'a reçue à bras ouverts, de même que sa fille, un an plus tôt. Mais c'est elle qui a retiré sa fille de l'établissement après avoir eu des affrontements sérieux avec ledit psychiatre. Avait-elle changé de profil ?

Nous décidons de jouer sur tous les tableaux, en avertissant les chefs d'établissement de notre politique. Nous rencontrons beaucoup de compréhension. Marine fait cinq stages dans cinq établissements, et reçoit cinq avis favorables pour une admission. A ce moment là, notre fille aînée poursuit ses investigations de son côté ; elle déniche un EMP qui se situe à la limite de Paris, mais non pas dans Paris, et assure un ramassage scolaire près de notre domicile. Nouveau stage, nouvelle admission, et voilà Marine partie pour trois ans qui ne rouleront pas trop mal, avec une autonomie accrue pour les allers et retours puisqu'elle apprend bientôt le chemin à suivre : dix minutes de marche dans le parc, une passerelle par-dessus le périphérique, deux rues à traverser. Elle est bien habituée aux mécanismes des feux verts et rouges. Nous l'accompagnons pendant une quinzaine de jours et tout ira tout seul par la suite. Une anecdote concernant ces déplacements. Marine se dit, vers l'été, enchantée du bistrot ! Nous finissons par comprendre que, ayant chaud, elle entre régulièrement dans le bistrot du coin où s'arrête pour elle le petit car du ramassage scolaire. Elle se fait offrir une petite limonade par la patronne ou le patron. Bien sûr, on fera connaissance avec ces nouveaux amis.

Du point de vue des apprentissages, Marine aura quelques difficultés d'adaptation, au début - adaptation mutuelle, dans un groupe composé de psychotiques et de cas sociaux. Elle se trouve être la seule trisomique de l'établissement, qui n'a jamais eu, d'ailleurs, l'occasion d'en recevoir. Des enfants attendrissants, que nous allons apprendre à connaître lorsque nous passons par l'école - attendrissants sauf deux ou trois d'entre eux, immenses garçons agités et violents. L'école, située aux confins du parc municipal de l'endroit, offre l'insigne privilège d'un terrain de jeu. Marine s'y trouve bientôt à l'aise, devient passionnée du ballon, et s'entendra bien avec ses instituteurs successifs.

Dans l'ensemble, elle montre que sa personnalité est suffisamment formée pour résister sans dégâts à une ambiance parfois agressive. Il lui arrive de se plaindre de ses camarades, qu'elle trouve débiles (sic). Notons que nous aussi, les parents, nous nous ferons dire par Marine que nous sommes « complètement débiles » - le vocabulaire contemporain ne lui étant pas étranger. Marine va s'enivrer de parties de foot, et passera constamment du kick au ping et au pong de la maison. Des années sportives s'il en fut. Quant aux acquisitions scolaires, elles seront longtemps impalpables malgré l'intérêt très vif que les instituteurs portent à Marine, et leur grande compétence. Je me suis demandé là encore si l'approche du trisomique ne méritait pas de tenir une place spécifique dans la formation des instituteurs et éducateurs spécialisés. L'avenir devait le confirmer.

Côté langage, Marine a considérablement enrichi son vocabulaire, pour l'argot comme pour le reste. Mais elle articule, elle énonce mal. Nous ne somme point parvenus à obtenir que l'orthophoniste de l'établissement intervienne, et ce n'est pas la première fois que nous essuyons ce genre de refus. Peut-être ne nous a-t-on pas suffisamment bien expliqué le sens théorique et pratique du mot"orthophonie", alors que nous nous trouvions être (partiellement) phonéticiens de profession, mais le malentendu me parut être aussi d'une autre nature lorsqu'on nous dit que Marine devait"réclamer elle-même l'orthophoniste"(sic). Passant par-dessus phonies et orthos, stimulés par notre propre entêtement, nous avons fait travailler Marine sur le tas. Son père, en particulier, s'est acharné et les résultats ont été remarquables. Il y avait donc quelque chose - beaucoup même - à faire. Que de fois maintenant, lorsque nous faisons semblant de buter sur la prononciation d'un mot (français, ou anglais) que Marine écorchait récemment encore, Marine nous corrige avec indignation. La constance paternelle surtout aura démontré une fois de plus que le mimétisme est roi chez les enfants, et que les trisomiques ne font pas exception sur ce point aussi.

De l'EMP à l'EMPro (externat médico-professionnel)

Mais voici que le système de parcours matinal tourne court. Un matin, Marine revient à la maison peu après son départ, complètement bouleversée : elle a été poursuivie par des chiens, dont la présence est pourtant interdite dans ce parc s'ils ne sont pas tenus en laisse. Voulant vérifier les faits, je prends ma voiture et traverse le parc avec Marine. Les chiens sont toujours là, courant partout, et leur propriétaire nous rit au nez. Mes objurgations restant sans effet et mes réclamations auprès de l'administration du parc ne paraissant pas près d'aboutir, je prends le parti d'escorter Marine en voiture (elle entre bien dans le jeu) plusieurs matins de suite, et lorsqu'on croise les chiens, ce qui se produit régulièrement, j'accélère et je fonce lorsque la manœuvre est possible. L'accompagnatrice des chiens est hors d'elle mais elle est bien obligée de constater que je ne l'écoute pas plus qu'elle ne m'a écoutée. Elle finit par renoncer, et on n'entendra plus parler de ces chiens.

Mais, alors que Marine termine sa seizième année, de nouvelles difficultés se posent en raison des transports par minicar, que l'externat ne peut plus assumer dans le secteur. Nous avons hésité à prendre en charge ce convoyage l'année suivante, bien qu'il ne s'agisse que de quelques mois. Nous devons en effet déménager et changer de quartier au Printemps. Il faut trouver une solution, ou plutôt une nouvelle configuration de problèmes moins difficiles à résoudre. Un EMPro proche de notre future adresse accepte la candidature de Marine. En attendant le déménagement, les navettes auront lieu à l'intérieur de Paris et non plus entre Paris et la banlieue.

A toutes fins utiles pour d'autres parents d'handicapés, si ce problème se pose à eux lorsqu'ils viendraient à lire ces lignes, voici le système que nous avons pu mettre sur pied pour l'année suivante. Plus question de compagnies de taxis et moins encore, O non, de"taxibulances" ! J'ai passé au peigne fin l'annuaire des professions pour relever le domicile des chauffeurs de taxis résidant dans notre arrondissement ou dans des zones limitrophes. A l'intérieur de ce répertoire et par téléphone, on a tenté de dénicher un chauffeur 1/ qui travaille à son compte 2/ qui consente à décaler son horaire de travail de manière à commencer par le convoyage à l'EMPro. Nous avons fini par trouver l'oiseau rare (et depuis des années, nous restons en relations amicales, scellées par le cadeau qu'il fit à Marine d'un Schtroumpf géant). Mais c'était seulement pour l'aller, sauf pour un petit nombre de retours, un chauffeur ne pouvant évidemment pas s'engager à heures fixes en plein circuit de fin d'après-midi. Le métro de maman, quand elle le pouvait, et la Vespa de papa ont fait le reste. En attendant le déménagement, qui fut hélas retardé jusqu'à l'automne suivant.

Peinture et danse-thérapie

Parallèlement à sa vie d'externe en institution, deux types d'activité ont animé la vie de Marine : la peinture (depuis son enfance) et la danse (depuis l'âge de seize ans). La peinture a été dès le départ une occupation spontanée, et cette vocation s'ouvre sur l'avenir - ouvre son avenir. Quant à la danse, elle n'a pas été une vocation particulière. Le déclenchement a été laborieux. Il a fallu du temps et beaucoup de patience pour trouver une bonne formule. Mais on a trouvé là un élément fondamental d'équilibre et de santé pour Marine. J'insiste, parce que cela vaut sans nul doute pour bien des trisomiques.

Pendant des années, Marine a résolument refusé de se joindre à des groupes de danse. Elle restait dans un coin, les tentatives renouvelées et prolongées se sont soldées par un échec. Périodiquement, on tentait l'expérience. Puis nous avons trouvé, encore une fois grâce aux relations de notre fille aînée, un professeur de danse - plutôt de gymnastique dansante - assez exceptionnel, qui accepta de donner à Marine des leçons particulières. Cela a duré environ deux ans, mais avec des aléas assez éprouvants. Du côté de Marine qui tantôt s'exécutait avec entrain - tantôt boudait, minaudait, se mettait à faire autre chose au moment de se mettre en tenue de danse. Du côté du professeur, les cours étaient souvent intermittents, au gré des contrats, des tournées imprévues. Mais le fil directeur a tout de même continué à défiler sans se rompre. Entretemps, un cours de danse primitive de très grande qualité s'était implanté dans notre immeuble même. Marine pouvait, de sa fenêtre, observer deux fois par semaine, une heure et demie durant, les évolutions rythmées (par ailleurs fort bruyantes) d'un groupe d'adultes composé en grande partie de médecins, d'avocats, de psychologues, fidèles à ce groupe qui fonctionnait donc après leurs heures de travail. Marine y fut invitée, mais n'y mit pas les pieds pendant un an. La seconde année, alors que les leçons particulières s'achevaient, elle consentit à franchir les quelques mètres qui la séparaient de la salle de danse. Depuis, Marine a suivi assez régulièrement ce cours pendant quatre années, sans jamais se faire prier, en y participant pleinement. Le résultat a été extraordinaire : elle a perdu des kilos, son allure s'est équilibrée, elle s'est assouplie, et il est évident que cet exercice a fortement favorisé son adaptation aux entourages.

C'est encore une fois à Jean de Grouchy que nous devons cette orientation. Malgré notre découragement, il n'a jamais cessé d'insister pour que nous trouvions un moyen d'inciter Marine à faire de la danse. Cette thérapie par le mouvement - mais pas n'importe quel type de mouvement - est irremplaçable.

Passons maintenant au dessin, d'abord le coloriage au feutre, auquel s'adjoindront très progressivement d'autres types d'expression picturale, avec d'autres matériaux, crayons, et gouache.

La gouache sera maîtrisée au bout de trois années et demie, au rythme hebdomadaire des merveilleux ateliers Personimages, où des handicapés profonds produisent des travaux d'une grande richesse et les font apprécier dans des expositions. On y reviendra vers la fin de ce livre.

A la maison, tout cela, c'est « MON DESSIN », et il s'agit d'une production quasiment constante. Quasiment? C'est que de temps à autre, Marine a des pannes d'inspiration qui peuvent durer deux, trois, quatre semaines. Alors Marine ignore, ne VOIT PLUS ses feutres. Elle dit : « Je n'ai plus de crayons », alors qu'il y en a plusieurs dizaines dans ses tiroirs. On les lui met sous le nez, mais elle regarde au travers. Puis un beau matin, cela reprend ; le feu d'artifice se met à fuser de plus belle, recouvrant des feuilles et des feuilles de Canson qui passent à leur tour sur les murs. Ils vont entrer en lutte centimètre par centimètre avec les découpages de programmes TV qui affichent les visages d'artistes élus. Le rythme de l'atelier vient articuler, en profondeur, cette croissance.

On voit bien que la personnalité de Marine s'est construite en grande partie par l'expression et le mouvement - plus précisément le dessin colorié, le sport et la danse. Cela montre que, si le handicap est en lui-même source de handicap - la fameuse

« boule de neige » - la stimulation est inversement source de déblocage, et ce déblocage, source d'autres déblocages. Tout cela se déroule avec une incroyable lenteur ; en fait, on éprouve le plus souvent, le plus longuement, le sentiment que rien ne se déroule.

En Trisomie, point de pendule.

HOME, SWEET HOME - FIN DE L'EMPRO

Les deux dernières années en EMPro ont été lourdes et grises, comme une fin d'itinéraire ne débouchant sur rien. Marine ne sera pas jugée apte à risquer sa chance dans un CAT (Centre d'Aide par le Travail) ou, plus exactement, à figurer sur une liste d'attente, car les places sont souvent inexistantes. Dans les années 80, plusieurs centaines de jeunes de plus de vingt ans sont ainsi enlisés dans le secteur dit « Paris-couronne ». Ce manque de perspectives, quotidiennement ressenti au sein même des EMPros (à la fois par ces jeunes, et par leurs éducateurs si dévoués), n'est pas fait pour stimuler ceux qui ont, précisément, besoin d'hyperstimulation. Ainsi, le chômage post-EMPro va s'installer dans la maison, comme un fantôme. La chasse au CAT est close par avance, il ne reste même pas cette illusion. Les diverses Associations de parents d'handicapés, quoique vigilantes, sont démunies. Quant aux pouvoirs publics, ils n'en peuvent mais.

On sortira de ces vingt années de crapahutages pour aller - lentement - vers autre chose. Mais non sans autres crapahutages.

II - DE CHRYSALIDE EN LIBELLULE

UN PORTRAIT EN OBLIQUES

Ce sera un portrait en obliques. Il y a grande difficulté à passer, en effet, du récit au portrait et je ne suis pas certaine d'y parvenir. Et tout doit y être engagé pour être utile au lecteur : accompagnant la narratrice, le cadre, l'entourage proche et lointain, le temps tout mêlé de présent au passé, de passé au présent. Alors : laisser filer le film intemporel jusqu'à ce qu'une image à peu près fixe se bloque, d'elle-même ?

PREMIÈRES IMAGES

La première image en cet album est d'un matin de mars choisi pour le baptême de Marine au huitième jour, dans la clinique où elle est née. Un tout petit paquet blanc, silencieux, absolument silencieux, posé un moment sur le coin d'un autel qui ressemble plutôt à une pierre tombale. Les parrain et marraine ne sont autres que son frère et sa sœur aînés car je n'ai pas eu le courage de pressentir des amis même très proches. Et une complicité jamais démentie depuis s'est établie dès le début de cette aventure entre les trois enfants - complicité sans laquelle, je crois, rien n'eût été possible.

J'aperçois donc ce petit paquet blanc, silencieux. J'avais réintégré le tailleur bleu du printemps précédant cette grossesse ; et bien que je me traîne, je m'empare silencieusement de ce petit paquet de chair muette et tendre, et le remmène dans mes bras.

Voilà qu'un portrait, c'est aussi une toile, une pâte à peindre, un peintre, lui-même porte-pinceau, prisme et miroir. Portrait-image mais aussi portrait-relation qui entraîne aux abîmes. A ce moment-là, j'ai vécu un rêve qui s'est laissé saisir par la suite, contrairement à presque tous les autres. Sous terre, dans un labyrinthe humide, sinistre, en clair-obscur ocré, ennuagé de blanc lunaire, dans un silence de désert : un veau au regard perdu, un petit veau blanc écru, au regard abrégé - couvant, sous ce regard, toute la tristesse du monde. Dans cette cave, cette partie de moi et de Marine - a continué d'habiter, jusqu'à ce jour. C'est devenu le lieu-reflet de toutes les misères que je rencontre.

Quelques photographies - plutôt rares - ont capté des images amères ou exquises. Un petit visage de trois semaines, boursouflé et livide, les yeux fermés, saisi à l'occasion d'une première visite aux Enfants Malades. Une étrange poupée aux poses mécaniques, plantée sur deux petites jambes potelées mais raides comme des baguettes lorsqu'elle se tient debout. Poupée blonde et devenue plus fine vers quatre ans. Petit visage de rêve, clair et doux, aux cheveux devenus longs et soyeux, s'arquant vers l'extérieur aux épaules, ou s'envolant en couettes, en plumeaux, en mini-queue de cheval. Visage grave et figé devant un jeu de construction ; visage pensif ombragé d'une mèche.

Et cette série unique, comme un film avec expressions en cortège ; on peut en reconstituer la séquence au bout de laquelle un objet invisible a rallumé le regard de Marine. Un, le regard éteint, comme navré. Deux, un regard qui porte devant soi mais qui semble ne pas vouloir sortir des yeux. Trois, un regard inerte mais qui déjà se muscle, et se tapit à la lisière du visage. Le quatrième flash explose avec une flammèche qui vient flamber au ras de l'image : la vie cachée remonte, hameçonnée par je ne sais quel objet ou personne ou les deux. Il y a là tout un petit univers enfoui, en dépression au sens le plus exact du terme, où la tristesse, l'impuissance, ont leur règne de plomb. Mais tout cela peut donc lever comme la pâte, ou bondir comme les épingles tombées au sol bondissaient vers les aimants à tige qu'utilisaient les couturières de jadis.

L'aimant, l'aimantation, avec toutes les implications de ces mots : voilà de quoi alimenter la réflexion sur le handicap, quel qu'il soit. L'aimant fait bouger le métal inerte. L'aimantation se communique, et peut durer - toutefois, pas indéfiniment. On peut aussi méditer sur les piles rechargeables. Et trouver d'autres matériaux pour formuler cette réalité : qu'on peut l'impossible en jouant avec les aimants et les piles ou les chargeurs de piles. Un jour, au bout d'un temps qu'on ne peut pas prévoir, l'aimantation s'accroche plus durablement, et telle pile peut devenir, dans une certaine mesure, auto-rechargeable. Il faudra revenir là-dessus lorsque l'on en arrivera aux phénomènes de stabilisation, très appréciables, des apprentissages suivis par Marine.

Un défilé d'images me revient, lié à notre façon de vivre en « grand ensemble ». Pendant ses deux premières années, j'ai vécu en osmose avec Marine. Sauf une dizaine de jours, où j'accompagnai « au vert » son frère qui filait un mauvais coton entre ses propres problèmes pubertaires et les remous dramatiques suscités par la toute petite sœur - si ardemment attendue - mais aussi douloureusement inattendue.

Je revois ce visage clair, avec des lèvres encore indemnes de ces gerçures rebelles qu'on n'a pas encore réussi à soigner aujourd'hui. Les yeux plissés aux entournures sont brillants dans leur grisaille, plus constamment allumés, en ces années, qu'ils ne le seront lorsque l'éclosion au monde environnant se fera plus tumultueuse.

Revenons aux photographies. Un petit visage allumé devant un clavier, allumé devant des lapins hollandais blottis sur un dessus de lit - allumé entre deux bras qui lui font un câlin. O les câlins ! A vingt-et-un ans, Marine nous a dit, comme on énonce une certitude, avec autorité : « J'ai besoin de câlins ».

Visages attentifs - à partir de dix-quinze ans : Marine faisant la leçon à une poupée qui à ce titre avait trouvé grâce à ses yeux ; Marine rêveuse dans un jardin, coiffée en boule, avec une ombre portée qui lui affine le visage et le cou sortant d'un corsage à grand col ouvert, comme une fleur d'un vase ; Marine penchée sur un livre, ou un ouvrage, qu'on ne voit pas, toute concentration et toute grâce.

Les photos de groupe sont rarissimes jusqu'à ce qu'elle ait atteint quinze ou seize ans. Ou plutôt, on en a de ses équipes de jeannettes, mais sans elle; car la « participation » est allée d'échec en échec. Interminablement, jusqu'à la réussite, soudaine, et durable.

Un film en clair-obscur

Au-delà de tous ces portraits - dont la plupart sont maintenant encadrés - une autre galerie, celle des images intérieures, demeure en moi. Peut-être aussi d'autres de son entourage. Pourquoi ne pas tenter de rassembler celles qui voudraient revenir ?

Pour les premières années de Marine, ce sont surtout les visages dormants qui affluent. D'abord, parce qu'elle dormait beaucoup, ou du moins, demeurait immobile, avec les yeux fermés en dépit du bruitage entretenu à dessein tout autour d'elle. Aussi, parce que j'ai toujours aimé regarder mes enfants dormir. C'est un moyen privilégié de les voir à loisir, de les sentir, de les penser.

Ces visages dormants vivent toujours en moi; ils se sont en quelque sorte clichés jour après nuit - clichés, nichés au fond même d'une vie constamment partagée. Je ne voudrais cependant pas me souvenir des yeux fixes gardés ouverts en plein sommeil - mais seulement des visages de nuit, tendres masques des voyages obscurs que Marine n'avait pas encore appris à recueillir. Car maintenant, où je ne la regarde plus dormir (car elle dort le visage enfoui dans l'oreiller) Marine nous raconte ses rêves, ses cauchemars bien-aimés qui la font rire quand elle est éveillée.

Quant aux visages éveillés, les expressions les plus marquantes sont liées à des moments de haute tension. Associées alors à un jaillissement de paroles, jaillissement de lave et de braise. En de pareils moments, Marine semble éclore, semble sortir d'une gangue éclatée, d'une espèce de cercueil translucide qui l'enfermerait au-delà, ou en deçà de la normalité. Elle est autre, ou elle est pleinement elle-même. Le commutateur secret, c'est un choc : une joie - un étonnement. La transfiguration s'accompagne de vraies phrases, dites d'une voix qui a perdu toute trace de cassure dans le son, ou dans le débit. Son, et lumière à la fois - lumière sur ces traits qui la font apparaître non pas autrement, mais « elle-autre ».

Élimer la gangue, dissoudre le cercueil de verre, et, pour les éclosions infiniment petites, prêter l'oreille à la coquille de cet œuf résistant et fragile, pour écouter l'imperceptible, et retrouver le bruit de la vie là où il n'y avait que silence, et immobilité.

En de tels moments, Marine est comme transportée. Elle sort d'une invisible et dévorante ornière et décolle d'un sol qui, en permanence, l'englue, happant mille « possibles » enfouis, la faisant retomber au fond d'un entonnoir, comme les proies des fourmilions dérapant et glissant au fond leurs petits cônes de sable. Cette expression de vie intense, d'allégement, de reconquête d'une liberté pourtant inconnue, gomme en un seul instant tout ce que sa personne peut porter de marques de trisomie.

A l'inverse, combien de petits drames ont, - d'un instant à l'autre - étonnamment accentué ces mêmes marques, et transformé ce visage en celui d'une petite holothurie toute chagrine, coulant à pic dans une mer sans fond, où la vie et la joie vont se noyer dans un regard éteint.

Visages ensommeillés, transfigurés, ou en détresse absolue. Ce film fait d'instantanés est un collier trop court. Ou un collier intermittent, avec des coulées vides de perles. Ces déserts de la mémoire sont aussi ceux où des gestes se sont perdus : les gestes pourtant simples du photographe qui sait où retrouver son appareil, comment le saisir, et quand l'alimenter en pellicule. Tous ces gestes se sont perdus et reperdus pour nous, car ils ne trouvaient plus de place où s'accomplir dans nos vies. Le quotidien de plomb a raison de toutes ces lueurs fragiles sans lesquelles on n'entreprend rien. Caméra abîmée et jamais réparée, ou caméra perdue : on ne le sait plus. L'album, comme le film intérieur sera à jamais fait de résurgences : plages vivantes, ou clignotements, sur une barque à la dérive, d'une mémoire fuyant comme celle des rêves.

La vie est pourtant là, jamais interrompue. Quand elle a semblé se retirer, elle revient, affluant comme la marée. Les vérités premières valent bien d'être rappelées.

Premiers mouvements

Vie, mouvement - et le premier souvenir qui se remet à vivre est celui d'un petit balancier. Le balancier des bras de Marine à deux, trois, quatre ans. Elle se meut un peu comme une mouette au sol avec des ailes qui battent, mais très légèrement, au ras de l'horizontale, alors que les jambes, courtes et tendues, vont de l'avant, tout en raideur et en saccades. Elle se prend au jeu, fonce ou tourne en rond comme ces petits personnages mécaniques surgissant derrière les vitrines de fête ou bien sur les trottoirs des grands magasins parisiens, avant la dernière guerre. C'est nous qui sommes les camelots courant après lorsque leur trajectoire dévie vers un quelconque danger. Marine se précipite pour goûter l'espace qui doit lui manquer : non seulement les occasions sont limitées, mais à son tour, elle les limite, par lassitude. Au pied d'un escalier, en particulier, elle se métamorphose ; ses forces se résorbent et il semble que ses vertèbres fondent, par désenchantement. Elle est alors complètement ramollie, et rien ne peut rendre un tonus durable à cette poupée de son, gisant de toutes ses forces d'inertie. Le petit oiseau a laissé choir le balancier de ses ailes et la poupée de son - un son chaud, vivant et tendre à souhait, à l'approche d'un visage attendu - la poupée de son va se laisser mouvoir dans l'ascension de trois étages. Jour après jour, elle apprend qu'on ne marchande pas. Un pied, puis deux, poussés sur la première marche, et puis sur la seconde, et les petites mains gantées sont déplacées, au fur et à mesure, deux ou trois marches plus haut. Et de nouveau un pied, puis deux sur la marche suivante, et en avant vers les hauteurs avec les petites mains - et un étage. Et ca reprend, et ca continue, avec des pannes intermittentes - interminables. Jusqu'au troisième. C'est le triomphe après la longue épreuve cent et cent fois recommencée. Chose curieuse, les descentes ne m'ont laissé aucun souvenir - il y en a pourtant eu, autant que de remontées ! C'est ce que je me répète, et pourtant, je m'étonne qu'il n'en soit rien resté. Étranges oblitérations de la mémoire. Peut-être ne pouvait-on sans danger affronter les descentes au petit pas, et quelqu'un m'aidait-il à cet exercice ? - ou descendait Marine sur ses bras, ce que je n'aurais pu faire seule.

Ces remontées, je ne les ai pas toutes « faites », loin de là ; mais j'en ai pratiqué un très grand nombre et je sais bien que je n'y serais jamais parvenue si Marine elle-même n'avait été le MOTEUR de l'affaire.

Le moteur de l'affaire tournant sans s'arrêter. Les femmes qui ont à vivre tout cela doivent être (la plupart sinon toutes) comme déracinées ou plutôt arrachées au plus profond - comme les plantes ou les herbes tenaces dont on a ébranlé les racines en jardinant, les décollant de la terre ameublie. On peut certes les laisser en terre - en apparence, plantées. On peut rester en soi comme ces plantes dans leur sol, mais comme elles, décollées, mal nourries de ce sol, en danger de mourir, en danger de pourrir. Quel fragment de soi - et combien de temps - sera donc en mesure de vivre assez, pour faire face aux heures lourdes, aux efforts qui s'enchaînent comme en cet escalier, ces ascensions recommencées et à refaire combien de fois, combien de temps ?

Marine en est restée le moteur de tous les instants. La force, la chaleur, la patience qui manquent, sans cesse, elle les sécrète, petite magicienne de l'ombre, solide, puissante, prodigue en surprises, en lumières qui naissent alors qu'on ne voyait plus rien - en rires au moment où tout semble accablant et mortel.

Elle m'a réappris la vie - elle m'a fait me mouvoir alors que j'étais vidée de toute force et de tout vouloir. Elle a été mon relais dans les déserts, et la source là où le souvenir même de l'eau avait fui, et le fil, dans le labyrinthe où chaque jour, elle m'enfermait sans l'avoir voulu.

Sûrement, elle m'a traînée autant que je l'ai traînée ; alors que je n'avais plus de substance, elle est devenue mon sol.

Sol mouvant par moments, sans doute. Mais jamais défaillant. Et voici que maintenant, je m'appuie sur elle, un « maintenant » qui dure depuis qu'elle est là. Sa présence, qui était déjà comme une sève lorsqu'elle n'était qu'un petit être sans tonus, continue à me sustenter, à m'animer au sens le plus fort. C'est sa joie qui remet en place tout ce qui s'effondre, comme en un film projeté à rebours. Je dépends d'elle, je suis d'elle comme elle est de moi. Et pourtant, ai-je un désir plus profond que de la voir autonome, libre, capable de tenir en tout, lorsqu'on n'y sera plus ? Les quelques rares, et précieuses semaines qu'il lui est donné de passer loin de nous tous, mais entre de bonnes mains, chaque été, ces semaines se passent merveilleusement pour moi comme pour elle. Je reconnais alors qu'il y a de la sagesse dans cet amour commun, que cet amour n'est pas fait de caption possessive, et que nous pouvons compter l'une sur l'autre jusque dans les lointains de l'absence.

Ce mouvement, qui m'a fait dériver sur l'essentiel, j'y reviens. Après le balancier du petit cerf-volant empêtré dans des fils invisibles - après la varappe houleuse dans les escaliers, micro-drame quotidien au long de trois ou quatre années - c'est l'envol progressif vers la danse.

ENTRER DANS LA DANSE

Et, sur le chemin de cette Danse, le jeu lentement amorcé du tennis de table. De larve en libellule, le jeu se poursuit presque quotidiennement, le chemin de danse a été imperceptiblement suivi. Les mini-duels pongistes ont mené, très lentement, à la sarabande. Douze années d'images mouvantes autour d'une table de jeu, sur la table de jeu, sous la table de jeu - de rebondissements fous, de milliers de gestes ratés, de milliers de victoires sur le plomb balourd qu'on aurait pu croire appesanti à jamais.

Les esquisses de danse, lorsqu'elles ont commencé, vers six ans, n'étaient que de brefs parcours dandinés, mais prêts à s'accrocher à un rythme. Des battements de mains scandés, une musique, une chanson, et tout de suite, le rythme prenait. Si le bruit des mots n'est pas saisi, le rythme l'est ; il est vécu, comme digéré, et réutilisé dans ces envolées spontanées qui lui feront dire, un jour, qu'elle a envie de danser. La musique est alors l'Invitée.

Mais tout cela n'allait pas bien loin, Marine ayant tendance à s'empâter comme tant d'autres enfants frappés du même mal, on aura essayé, année après année, leçons ou groupes de danse - chaque expérience, on le sait, décollant à peine de la case départ. D'autres expériences mieux réussies d'expression corporelle (plus proche de la gymnastique) avec une demoiselle Kitsou, aucune image ne m'est restée, car nul n'est admis à être le témoin du dialogue entre Marine et Kitsou. Seuls le bruit de la musique et quelques éclats de voix montrent qu'il y a un effort entrecoupé, mais tout de même suivi au-delà d'une demi-heure, semaine après semaine. Un travail du corps. Mais la danse ? Cela reste couvert de mystère. C'était, toutefois, un début.

L'image de Marine à quinze ans est sortie de sa balourdise. Comme elle est sortie de ces escaliers qui maintenant me semblent hauts comme les pyramides d'Égypte. A force de ramper quotidiennement, et de pratiquer ensuite ces évolutions mouvementées, tantôt patiemment arrachées à l'inertie, tantôt spontanées, elle s'est en quelque sorte dégrossie. L'occasion lui est alors offerte, (entre seize et dix-sept ans) d'entrer à proprement parler dans la danse.

Il y eut la première Boum du groupe scout. Une boum comme une autre. C'est un groupe de filles, mais avec un encadrement mixte merveilleux. Un rock à tout casser, avec une ambiance « terrible ». La plupart de ces demoiselles, dont certaines en très mauvaise condition physique, dansent pour de bon. Et Marine, intégrée dans ce groupe quelques mois ou semaines plus tôt, danse, elle aussi, pour de bon. Cela se reproduit deux ou trois fois l'an avec, comme point culminant, le Vingtième Anniversaire qu'on célèbre solennellement avec ces demoiselles, leurs animateurs et animatrices et, aux deux bouts de la fête, les familles.

Nous y reviendrons.

La danse a fait irruption dans la vie de Marine lorsqu'elle a dix-sept ans. Après des mois d'hésitations, elle va décider de se joindre à ce qu'elle regarde semaine après semaine, à travers la vitre de sa chambre, de l'autre côté de la cour. Danse primitive, danse-thérapie, d'autres noms encore, peuvent être accrochés à cette autre forme de fête qui a fait rebondir le temps. Ce n'est plus seulement le rythme, ce n'est plus seulement le mouvement. Ce qui, là, entre en jeu, c'est un philtre dont elle avait besoin. Un philtre peu mystérieux : une dose de liberté qui lui permet d'oublier le plomb quotidien d'aptitudes captives. Une dose de liberté, un grain d'hypnose saupoudré par la fée qui mène le jeu. Un grain d'hypnose, qui agit, et qui circule d'un danseur à l'autre, ventilé par le tam-tam, imbibé dans les pauses. Et le mouvement par tout le corps, marionnette qui rompt ses fils, ni maîtrisée ni déchaînée, soufflant son propre petit vent de folie pour retomber sagement dans sa peau après avoir participé au Ballet. Car cette danse est, aussi, ballet, bien que sans chorégraphie et sans figures, sinon quelques parcours axiaux. Non point quadrilles, mais quadrillages qui font se croiser, échanger au passage juste ce qu'il faut pour que se forme une arabesque impalpable, faite de liens portés par le mouvement. Marine a donc fini par entrer dans la danse, et la danse est comme entrée en elle. Prise dans ce réseau d'échanges et saisie par le plaisir du rythme, elle va bien au-delà de ce qu'on pouvait attendre d'elle pour l'élan, le mouvement, l'effort, et la durée. Elle, qui s'effondre souvent au bout de quelques minutes qui l'ennuient, et ne tient que rarement au-delà d'une demi heure au ping-pong qui pourtant la passionne : la voilà qui « tient » une heure et même une heure et demie.

Venons-en aux vingt ans de Marine, célébrés avec son équipe de scouts.

Marine, pour cette grande fête, a participé aux courses et au choix des achats. Côté culinaire, zéro. Elle n'a, en pratique, rien appris. Elle a aussi en partie choisi la musique - les cassettes - qui alimenteraient la sono. Et cette Fête, on en a parlé pendant des mois - des mois avant, des mois après. Comme d'une explosion de vie qui dépassait infiniment toutes les lumières, tous les sandwiches, gâteaux et cadeaux et sonos de cette inoubliable rencontre. Vie et rencontre de ces jeunes, habitués, dans leurs week-ends mensuels et leurs camps bisannuels, à se connaître, à se disputer et à se réconcilier, à se séparer et à se retrouver, à se réjouir ensemble. Et la célébration d'une certaine entrée dans l'adolescence donne à tout cela une dimension de « sérieux » très appréciée. Ce sont des retrouvailles entre des gens qui ont beaucoup de liens entre eux. Et la fête est la mise en jeu de ces liens. Ces images de danse et de fête viennent comme un feu d'artifice, par l'éclat et par les couleurs - mais elles sont plutôt un bouquet de feux sortant de terre, difficile à imaginer, à prévoir. Tous ces milliers d'heures sombres, d'échecs, d'attentes, de perplexités, ces combats souterrains, ces parcours obscurs tissés d'épuisement et couronnés le plus souvent de lassitude : les voilà qui fleurissent en lumière, en mouvement, et que tous ces petits enfers se transfigurent. Ainsi entre la danse dans la vie de notre Marine

C'est un nouvel accès au monde des vivants. Il n'est évidemment pas facile de faire la part des choses en ce domaine, mais il semble bien - à moins d'imperceptibles coïncidences - que Marine y ait beaucoup gagné dans sa façon d'être avec les autres. Est-ce un hasard si elle a mieux réussi depuis, à s'intégrer à d'autres groupes se réunissant pour un temps limité et dans un but très précisément déterminé ?

C'est ainsi que, autour de vingt ans, elle a pu se joindre à un atelier d'apprentissage de la peinture : aboutissement d'une longue histoire d'amour.

Images et couleurs - Premiers feutres

Si début il y a... à quel moment, dans quelles circonstances Marine a-t-elle commencé à se mouvoir dans le monde des formes et des couleurs ? Quelques courbes, quelques volutes teintées au crayon jaune, nous sont restées de ses premières années, sans autre date qu'une approximation, entre 1972 et 75. Et depuis, des centaines de taches de couleurs un peu brutes, remplissages au crayon gras de formes incertaines, spontanées ou guidées à l'école. Nous n'en voyions alors que quelques échantillons épars, recueillis dans le bric-à-brac du cartable quotidien. Il y eut aussi quelques dessins préparés dans un groupe d'animation religieuse, éléments des « panneaux » à la mode. Les couleurs étaient toujours un peu brutales, plates : parce qu'on n'avait encore rien mis d'autre à sa disposition, qu'un jeu

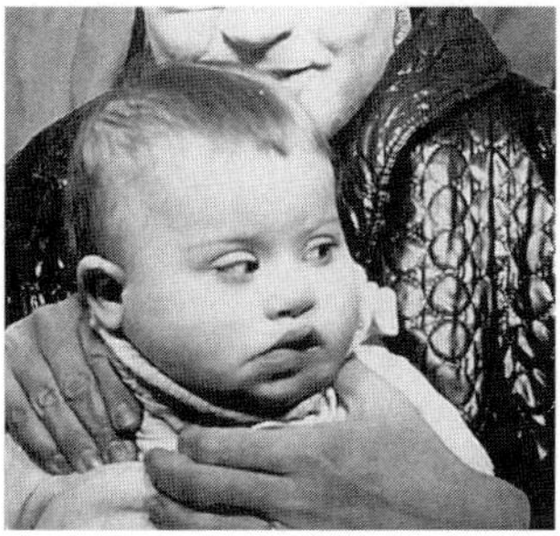

Marine, 1966

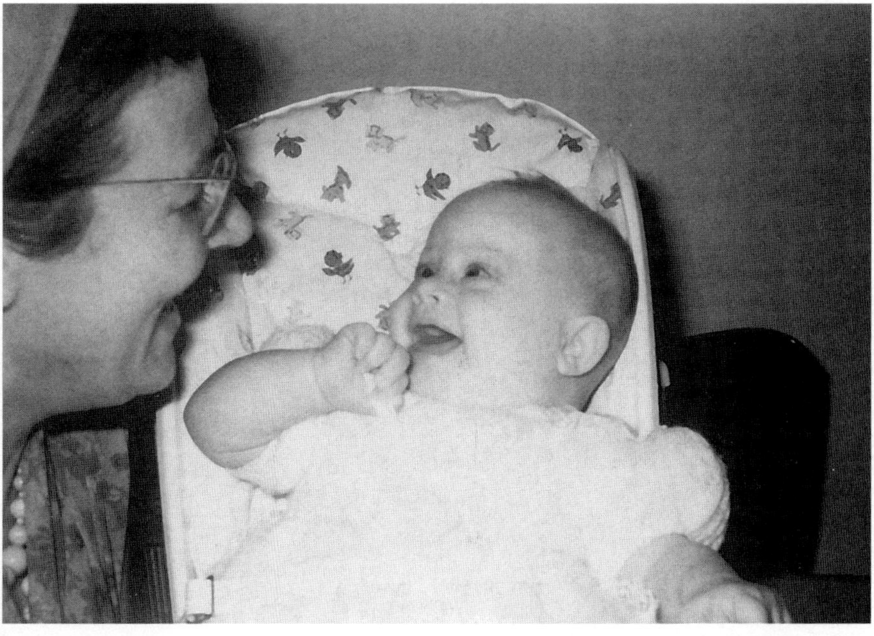

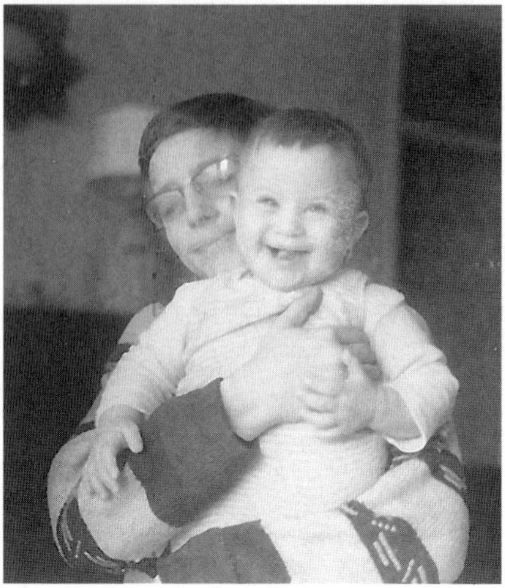

Marine, 1967,
dans les bras de son frère

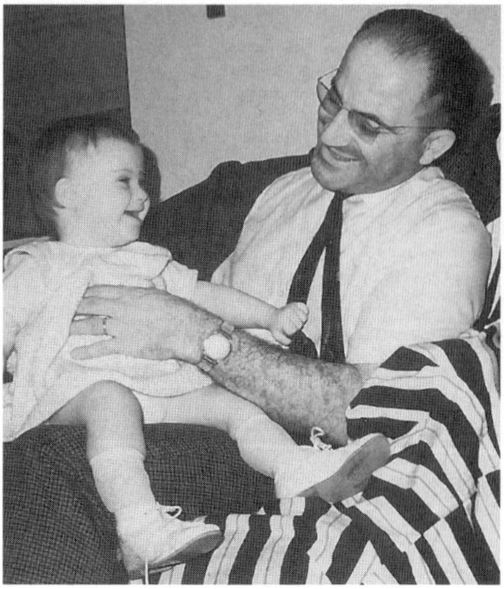

Avec son père

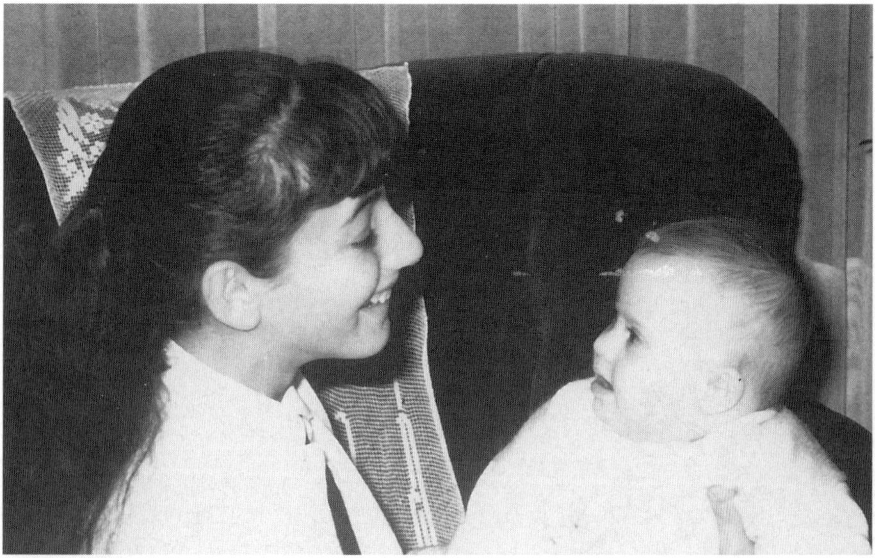

Avec sa sœur

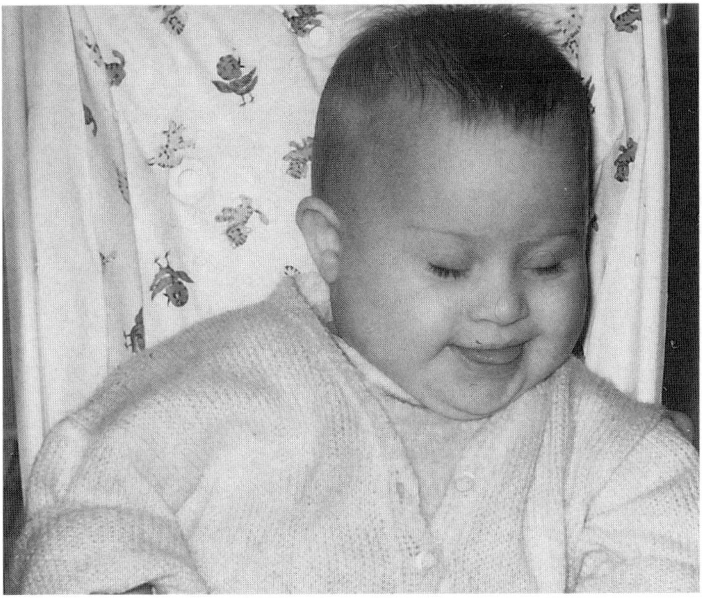

Marine, 1967

Marine, 1968

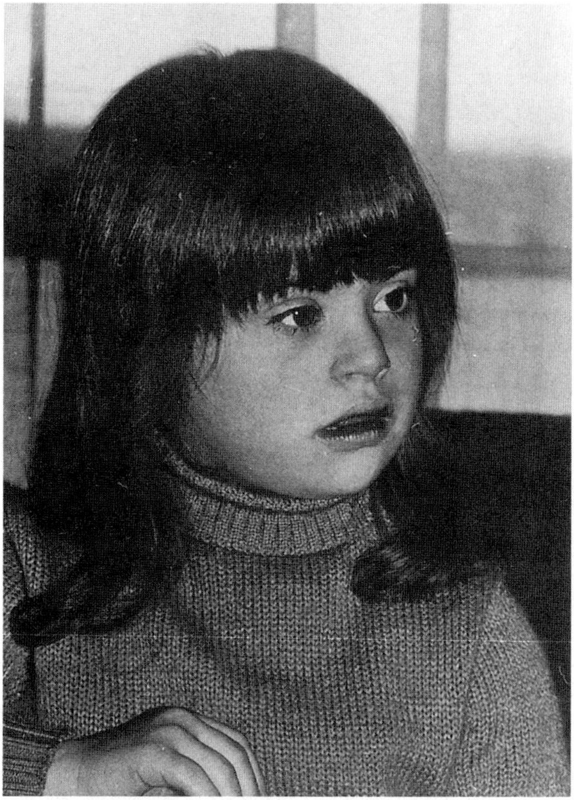

1971, cinquième anniversaire

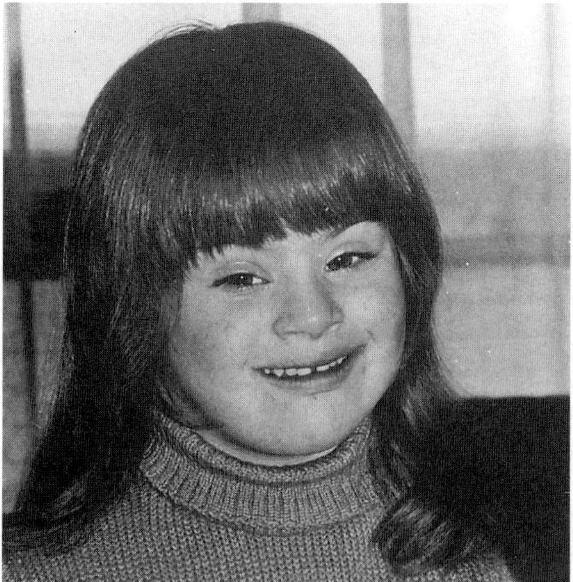

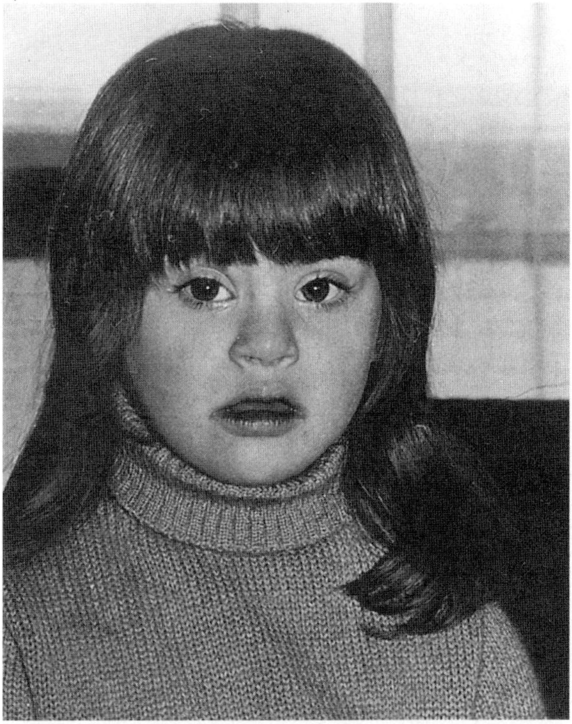

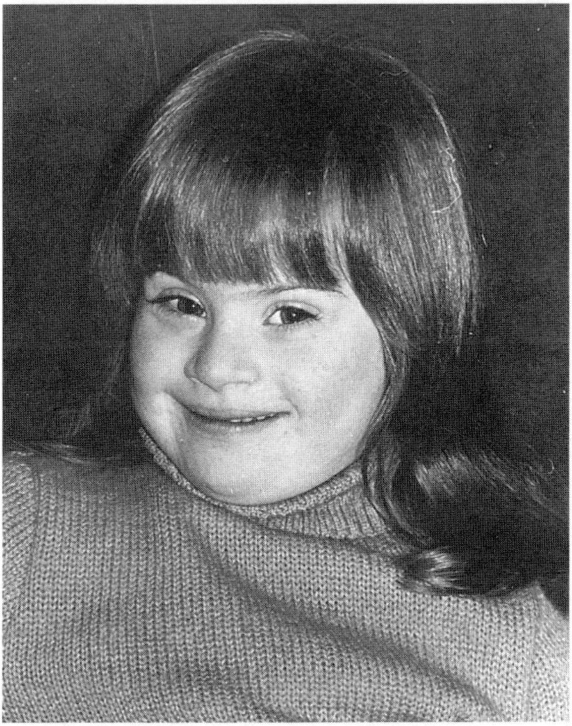

Années 1970

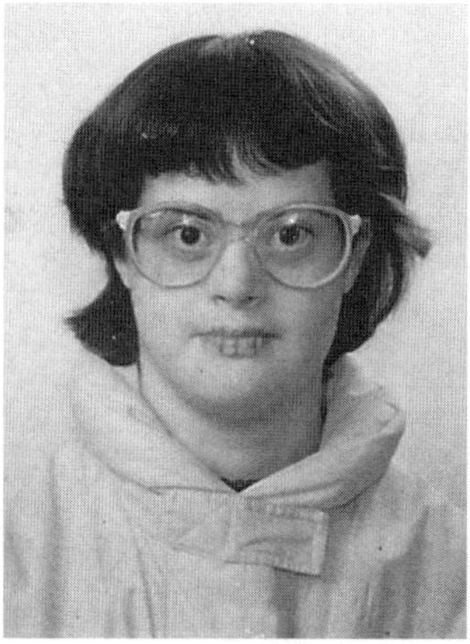

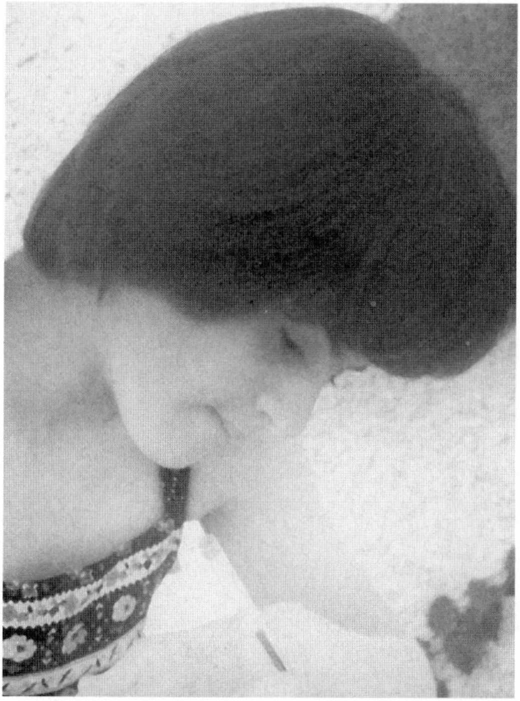

Années 1970

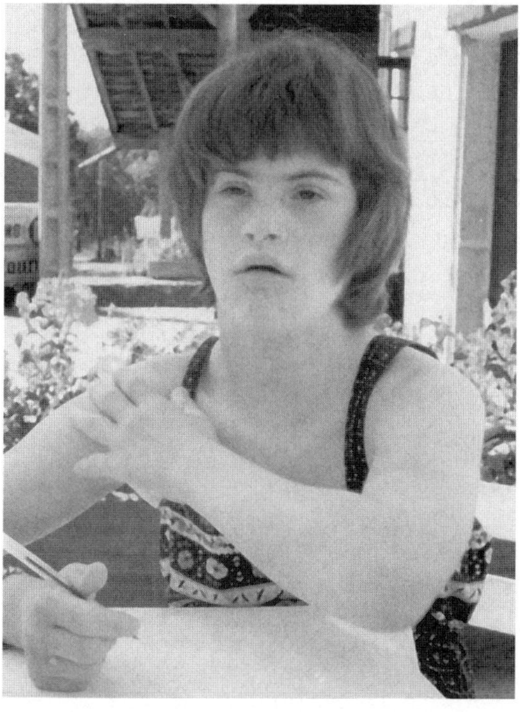

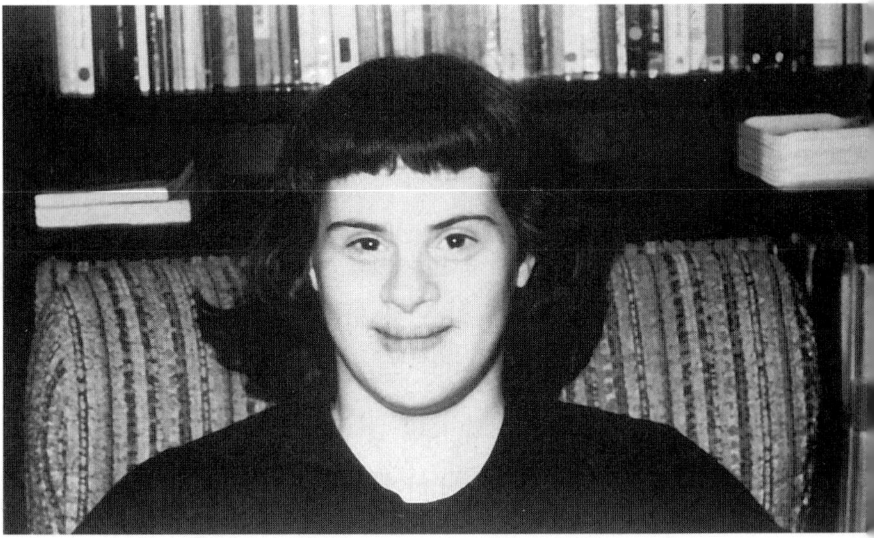

Années 1980

très restreint de couleurs. Il fallait qu'un évènement se produisît. Un anniversaire - le onzième peut-être - devait le susciter. Une cousine a offert à Marine une gigantesque boîte de feutres, un arc-en-ciel déployé, somptueusement : cinquante feutres aux nuances de rêve. Il a fallu du papier à dessin digne de ce merveilleux coffret, et l'aventure a commencé.

Commencé par le temps du gâchis. Les belles et vierges feuilles de canson étaient impitoyablement froissées dès qu'un trait ou une tache de couleur ne trouvaient pas grâce aux yeux de l'artiste. « C'est raté ! » exclamation accompagnée tout aussitôt d'une exécution sommaire. Et s'il n'y avait plus de papier, c'était le drame.

On a trouvé d'énormes cahiers de récupération faits de retombées d'excellent papier à dessin - qualité d'abord. Marine, dans cette profusion, a fini par se lasser de gâcher, de déchirer. Puis elle a choisi d'entreprendre son travail à l'aide de « crayons-crayons » (sic) - avant de passer aux couleurs. Le gaspillage a (en dehors de crises occasionnelles) complètement cessé côté dessin. Tout comme il devait cesser, progressivement, pour l'usage du ruban adhésif des collages, et du sparadrap pour les égratignures (imaginaires ou réelles).

La clé de cet apprentissage a donc été une politique de profusion raisonnée sinon raisonnable. Profusion de scotch et de sparadrap (un énorme colis de Noël - gigogne rempli de rouleaux d'adhésif-papier, et d'adhésif-pansement) et ravitaillement attentif en liasses de papier à dessin ; enfin, un arc-en-ciel de feutres. Quand l'usage des crayons-crayons entraîna celui des taille-crayons, un imposant taille-crayon électrique a facilité bien des choses. L'abondance et la disponibilité du matériel ont payé de retour.

Marine a fini par acquérir une autonomie certaine - et, disons-le, la maîtrise de son matériel. Elle disait - et elle dit toujours : « C'est mon métier ». Elle s'écrie parfois, avec une sorte de modestie admirative dont il est difficile de rendre ici le ton juste : « Je suis douée. » ou « Je suis une artiste ».

Marine s'est mise à vivre dans les couleurs. Sa chambre en a pris le reflet. Elle a passé des heures à coller aux murs toutes sortes de dessins colorés, de découpages, de figurines, d'objets divers rapportés de l'école, qui vont au mur dès que leur épaisseur le permet. Il y a même un énorme chameau de carton peint (léger, heureusement), qui fit d'innombrables chutes diurnes et nocturnes. On le retrouvait toujours debout, recollé tant bien que mal, à un emplacement différent, entouré d'une constellation d'objets hétéroclites, tous plats, tous collés, tous colorés.

Le passage de la profusion et de la pagaille à la création véritable est marqué par une sorte d'écluse qui fut aussi une chance extraordinaire, comme la première boîte géante de feutres de couleur. Ce fut la découverte de cahiers de coloriage d'une rare qualité - des cahiers à thèmes, fleurs, fruits, poissons, figurines, motifs décoratifs, reflétant des styles très divers. Marine a pu ainsi prendre son vol, d'une nursery britannique aux cimes des Incas, en passant par les fleurs naïves, les jardins en broussailles, les bals de poupées, les vergers, les arabesques plus ou moins compliquées.

Il y eut plusieurs dérives, sur des mois entiers. En rentrant de l'école, Marine se jetait sur ces albums et s'y accrochait résolument. Il fallait de très longs moments de patience - et d'impatience pour obtenir son retour sur la planète nommée Terre. « J'arrive », « J'ai presque fini », « Attends un peu ». Si on parvenait à subtiliser le cahier en train, c'était la panne absolue.

Marine devait apprendre, peu à peu, à suivre des contours d'une incontestable beauté - à les respecter à force de constater que, si on ne les respectait pas, on les déformait, et que c'était laid. Elle a fini par acquérir une précision, une méticulosité dans le tracé, puis dans la création du tracé, qui lui donne une assurance paisible dans l'exercice du dessin - et par cette assurance même, une liberté impressionnante.

C'est vers 1978 (elle avait entre douze et treize ans) que s'est produit le coup d'éclat de son premier, grand, et véritable tableau. Pour dire un mot du contexte avec lequel, plus tard, des liens devaient se révéler, il faut évoquer l'Île Saint-Louis avec retours les soirs d'hiver dans Paris éclairé par ses réverbères et ses fenêtres. Les embouteillages, les énervements, les attentes interminables d'autobus défaillants, - certains jours -, d'autres jours les traversées en croupe de Vespa, les blocages en voiture, avec tout le temps de dévisager les paysages citadins par des portières embuées l'hiver, ouvertes par beau temps. En tout cas, il y eut une absorption lente et répétée, par le regard-éponge, de la Ville, avec sa Seine et les Ponts de sa Seine, ses rues quelquefois lumineuses, et quelques bâtiments bien précis tout éclairés de l'intérieur.

Tout cela va se retrouver dans ce tableau surprenant de quelque cinquante centimètres de côté sur soixante, que nous n'avons pas déchiffré au début. Les couleurs, à dominantes orangées de diverses nuances, nous avaient saisis. Il avait fallu à Marine un peu plus d'une semaine (c'est-à-dire une semaine de retours d'école et un ou deux week-ends) pour accomplir ce tableau, dont elle devait nous faire l'exégèse une année plus tard.

La structuration du tableau est d'une fermeté saisissante. On voit une masse de constructions serrées les unes contre les autres, comme éclairées de l'intérieur par des jaunes plus francs - mais les effets lumineux semblent ressortir d'une ombre pourtant peu visible. Une année plus tard donc, Marine devait nous commenter ce tableau par pans entiers, nous désignant nommément la Seine sous son Pont, et l'église Saint-Louis-en-l'Île toute éclairée de l'intérieur.

Cette œuvre - car c'est véritablement une œuvre - évoque un peu ces dessins animés ou mille morceaux éclatés fusent dans toutes les directions pour retomber ensemble, dans un ensemble : jeux explosés d'une construction préétablie.

On retrouve constamment dans les tableaux de Marine ces perspectives un peu entassées, ces dégradés de couleurs qui vont souvent par masses plus sombres - ou seulement moins claires - avec des trouées de jaunes ou d'orangés ; ces trouées éclatent et éclairent à partir d'un foyer invisible qui semble venir des entrailles du tableau, mais qui probablement, vient d'elle.

UNE GALERIE DE TABLEAUX

Ceci reste la pièce initiatrice d'une galerie de tableaux dont les plus éclatants seront, au bout de dix ans (grâce au repère d'une exposition) une trentaine. Nous avons pu remarquer que les plus grands (de la taille du tout premier) viennent au rythme d'environ un par an. Il y a eu les deux, puis les trois, puis les quatre grands etc. et, entre ces sommets, des 18 x 24 ou 24 x 30 qui, eux, sont venus par phases, comme par coulées, avec de longues périodes de vide, ou de production qu'on pourrait qualifier de « plate ».

Les épreuves « plates » sont, en comparaison, affligeantes. Des taches de couleur distraitement posées, pas de structures à relief, pas de dessin solide pour tenir les couleurs, ni de ces petites broderies dessinées qui se nichent souvent dans des zones entières des tableaux plus inspirés. Il est arrivé que ces basses périodes coïncident (on s'en apercevait trop tard) avec l'usure des feutres dont certaines nuances manquaient.

Il y a encore chez Marine des périodes non seulement plates, mais absolument vides, où elle boude papiers et couleurs. Chose étrange, elle refuse même de les voir, au sens le plus précis du terme. On lui demande où sont ses feutres, elle répond qu'il n'y en a pas. On peut en retirer cinquante de ses placards, en répandre sur sa table : elle les ignore complètement et persiste à dire qu'elle n'a PAS de feutres. Il est également arrivé qu'au bout d'une de ces périodes glaciaires, il suffise de placer en évidence une nouvelle boîte de feutres, pour que tout redémarre.

Une expérience d'un autre ordre nous a montré - alors que Marine peignait déjà depuis au moins deux ans sinon trois - qu'il fallait la laisser à elle-même sans rien faire de plus que veiller à son approvisionnement en couleurs et papiers. Une occasion s'était présentée de lui faire donner des leçons de dessin par une jeune femme dont le profil était exceptionnel sur ce plan : une ancienne institutrice spécialisée dans le handicap, reconvertie aux Beaux-Arts. Elle avait, de surcroît, connu Marine toute enfant. Les leçons hebdomadaires devaient couvrir toute une année. Cela se passait plutôt bien, quant au fonctionnement des travaux : Marine acceptait cela sans renâcler ni plonger dans une de ces grèves invertébrées dont elle avait le secret. On ne s'en mêlait guère, par principe. Elle apprendrait du moins à suivre certains contours de silhouettes humaines et animales et à manipuler des godets de peinture. Quant à la créativité, le résultat fut négatif. Lorsque les leçons ont cessé, pour des raisons purement pratiques, Marine est restée plusieurs mois sans faire autre chose que des barbouillages sur calques. Elle ne réclamait plus que du papier calque - au mieux, elle décalquait les contours des croquis stylisés, déjà coloriés, dont nous avons déjà parlé.

Cela devait quand même redémarrer, plus tard. D'abord par à-coups, avec quelques semaines ou mois de passage à vide. Et par séries de trois ou quatre petits tableaux d'un style particulier quant aux structures et aux couleurs. Périodes artistiques ? Reflets d'intérêts, de spectacles, d'émotions différents ?

On remarque surtout une période brune, aux tons d'automne fondus et délicats aussi, une période aux tons plus francs, toute en constructions isolées sur champs de couleur, avec tout de même une certaine douceur dans les teintes qui ne font jamais grincer l'œil. Aussi, quelques petits tableaux hors série, comme ce cadeau d'anniversaire dédié à « Maman », que je vais tenter de décrire avant d'aborder les autres.

C'est un bouquet de fleurs rouges qui forment des grappes, sans que les grappes soient vraiment dessinées. Sa mise en page dans le tableau est peut-être un langage secret. C'est bien le seul que j'aie osé - étant partie prenante - tenter d'interpréter, et je n'ai pas insisté, de crainte d'aller ailleurs qu'elle-même est allée.

Il y a, parmi les « grands », le Tableau de Noël, à dominantes bleues dégradées avec quelques touches de rouges, orangés et jaunes clairs sur trois angles, et sur le centre. L'ensemble est très structuré autour du sapin central avec sept étages de branches bleu ciel ocellées de carmin pâle. A l'arrière droit du sapin, une fenêtre de lumière jaune incrustée d'un carré de couleurs en rayures est encastrée entre deux blocs de verts qui font penser à des émaux foncés et irisés. Sur la droite du tableau, de haut en bas, un autre sapin, petit, sur un socle bleu - lui-même noir sur fond bleu ciel. Puis, deux rangées de maisons de couleurs douces - deux tourelles et un bloc serré - alignées comme c'est souvent le cas, sur des stries bien nettes, rectilignes ou ondulées, avec des allures de chemins ou de vagues. Sur la gauche, une de ces zones réservées aux signatures et aux incertitudes, dirait-on : des figures géométriques emplies de couleurs très peu travaillées. On découvre aussi, au bas du Sapin central, un rectangle ciselé de couleurs, en colonnettes ouvragées au crayon, certaines, de ce jaune lumineux, qui « ouvrent » la peinture et y font entrer du soleil. Et voici entre les branches du grand Sapin, une série de petits espaces jaunes croisillonnés de noir, et pointillés de rouge, qui font penser à des paquets-cadeaux.

Ce tableau, je m'en souviens, a meublé une semaine de Noël pluvieuse et morne, qui semble n'avoir rien envahi. En lui, rien n'est plat (sauf certains détails de ce que j'ai appelé la zone des incertitudes), et on en redécouvre à tout regard.

Un autre « grand » ! Les dominantes sont orangées avec une bonne variété de nuances. Une grande zone centrale, carrée, est entourée de trois côtés (dont le haut) de plages striées. Sur la gauche, des stries horizontales soigneusement ondulées avec des bleus, des bruns, des gris mouchetés, et quelques unes de ce jaune lumineux, si familier. Sur le dessus, des stries du même style, mais obliques, partant vers la droite et formant une sorte de dôme, arrondi sur les côtés, mais tranché par le bord du papier. Sur la droite, des stries d'un style tout différent : traits ondulés de couleurs sur fond blanc, les stries blanches étant elles - mêmes habitées par des triangles tracés en noir avec un point rouge au centre de chacun d'eux. L'ensemble est percé par une double strie jaune-lumière en encadrant une autre, qui a le vert velouté d'amandes fraîchement cueillies. Dans les interstices, à côté des petits triangles pointés, trois minuscules figures allongées, qui ont quelque chose de vivant évoquant une tête, un corps, et semblent prêtes à s'élancer. Le bloc central est habité par deux arbres : l'un très schématique, sur un socle jaune, avec un tronc vert et une tête comme transparente sur le fond orangé ; l'autre est un franc sapin, encore une fois, mais bleu de roi, étroit, élancé, avec, à chaque extrémité des branches, des deux côtés, des points jaunes visiblement allumés. En bas, des maisons ont en façade une dentelle de fenêtres dont trois sont lumineuses. Un petit chemin orangé, mène tout droit au centre du bloc, lui-même vert émail et bleu de nuit. Le bleu de nuit, et surtout les orangés profonds, très nuancés, se répartissent en zones verticales l'entourage des arbres et des maisons. L'ensemble est chaleur, lumière et, on doit le dire, ordre, équilibre solide et délicat des formes, et des couleurs.

Un peu moins grand que les autres grands, un tableau rempli de maisons empanachées de fumées colorées. On se sent vraiment en présence d'un site dessiné avec une grande sûreté. Une longue rangée centrale de maisons accotées les unes aux autres, dans des teintes pastel incluant, ce qui est peut-être plus rare, des bruns pâles. Chaque maison, d'une forme et d'une hauteur différentes, fait partir de son toit un panache de fumée dont la couleur éclate en jaunes, en bruns, en bleus clairs ou foncés. Le tout sur fond gris nuit. Dans le bas du tableau, un petit château à tourelles multicolores accoté à une sorte de muraille jaune clair croisillonnée de noir. De chaque tourelle sort encore un panache de fumée, cette fois d'un brun clair. Tous ces panaches sont comme festonnés, floconneux, et dansent dans tous les sens. Les fonds sont comme presque toujours, ouvragés, tachetés, ombrés de triangles et de pointillés avec des dégradés délicats qui en font le contraire d'un barbouillage. Et là encore, l'air circule, les reliefs sont présents sans apprentissages, et le mouvement est comme prêt à s'échapper. Les dominantes des fonds sont d'un vert d'automne et d'émeraude, avec des rouges chauds sur les côtés, par endroits, et deux enclaves contrastantes en haut, vers la gauche : un mince rectangle d'un franc bleu ciel et un curieux bloc croisillonné à dominante orange, barré de bleu de nuit, qui rappelle la barrière croisillonnée du panneau central. Teintes vives et douces, grande variété dans le dessin. L'ensemble reste homogène, comme la projection d'une vision précise, profonde, forte.

Un autre grand tableau a surgi après un très long temps de silence - peut-être au bout de deux années où la production de Marine s'est limitée à des travaux de petite envergure. C'est un miracle tout bleu, avec des striures jaunes d'or en volutes et arcs de cercle. L'impression d'unité, de fondu, est extraordinaire : arcs en ciel, torsades ininterrompues, toujours tout en striures et courbes amorcées. Un peu de violet et de vert et quelques tourelles fondues dans le paysage. Les tourelles mises à part, on peut y voir un étalage de queues de paon déployées, emmêlées.

Puis, revenue à des tracés plus géométriques, en mosaïques compliquées, Marine abordera cette période « arlequine » aux couleurs chaudes et charnues. Quant aux petits tableaux si nombreux, qu'on ne pourrait décrire ici, le thème des maisons y domine souvent, avec l'accompagnement du soleil. Marine vit ainsi dans la couleur, dans les couleurs, parmi ces formes projetées qui s'organisent d'elles-mêmes sur le papier. C'est sa vie même, et qui souvent, absorbe tout. L'école aura été un échec d'un bout à l'autre, quelque nom qu'elle ait pu porter. Quelques bonnes années certes, constructives, lorsque l'éducateur ou l'éducatrice scolaire a pu l'accrocher, l'intéresser. Le dessin garde alors sa place, mais sans excès. Par contre, lorsque l'école perd ses couleurs, Marine n'y trouve plus de repères, le dessin devient radeau, refuge, cage de verre. Marine se retranche systématiquement derrière son papier, ses feutres, et fonctionne avec acharnement hors du monde ambiant. Elle ne participe alors à presque rien d'autre qu'à sa vie propre, au dedans de cette forteresse.

La vie à la maison traverse les mêmes vicissitudes : impossible d'obtenir de Marine qu'elle décroche rapidement de ce travail au moment où on l'appelle pour faire autre chose, pour les repas notamment. On entend je ne sais combien de fois la formule « J'ai presque fini », et cela semble ne jamais finir. Cela peut durer une heure ou plus, comme un quart d'heure. La voix peut devenir fébrile, mais le dessin, le coloriage se poursuivent sereinement, sans précipitation, non comme un mécanisme, mais comme une œuvre en cours. Marine œuvre : œuvrière, ouvrière passionnée, tenace, non pas indifférente à l'extérieur qu'elle cherche à faire patienter avec son « J'ai presque fini » - mais prise de l'intérieur, occupée, au plus profond d'elle-même, et pratiquant ainsi sa liberté.

En rétrospective : les chats, l'amour, la mort

L'un des rares mots que Marine avait prononcés au bout de sa troisième année, c'était « le chat ». Ou plutôt, « lecha » était pour elle le nom de l'animal qu'elle identifiait lors d'une rencontre, car nous n'avions plus de chat à la maison. Par la suite, avec ou sans chat à la maison, les miaulements sont restés de mise comme langage, pour les échanges familiers et familiaux. Ce langage est resté le sien, souvent mêlé à des « Je t'aime ». Même absorbée par son travail, Marine a gardé l'habitude d'émettre des « miaou » destinés sans qu'on puisse d'abord le savoir, à quelqu'un de précis. Lorsque la réponse ne vient pas du vrai destinataire, on entend un furieux « C'est pas pour toi ! » et il faut alors, si besoin est, se faire préciser qui est l'interlocuteur élu.

Les chats, même absents, ont ainsi pris de l'importance. Vers sa onzième année, Marine avait accueilli deux chats, deux vrais chats prénommés Magouille et Saba. Nous les avons alors emmenés en vacances, au bord de la mer. Il se trouve que c'est à la petite Magouille que revint le privilège d'initier Marine à la notion de vie, et de mort. Magouille s'est faite écraser par une voiture à la fin des vacances. Ou a dû l'enterrer au pied d'un arbre avec un cérémonial inattendu, ne pouvant éviter à Marine de constater que Magouille ne bougeant plus, il fallait bien en faire quelque chose. Cela deviendra la référence inévitable, et il faut le dire, commode, pour tout ce qui touche à la mort. On n'est plus mort, pour Marine, que « comme Magouille » ; et, au risque de se faire taxer d'humour noir, lorsque ce fut le tour de sa grand-mère à l'âge fort honorable de quatre-vingt neuf ans (alors qu'elle en avait elle-même dix-sept) ce fut encore « comme Magouille ».

Les miaulements, toutefois, ont tendance à se diversifier comme langage de tendresse. Avec les « Je t'aime », on entend éclore des « Mon ange », « Mon aimé(e) » ; avec toutes sortes de chatteries, pour demeurer quand même dans le domaine des chats.

Marine est somme toute très tendre, caressante et même caresseuse. Par crises d'ailleurs. Au bout d'un festival de câlineries, on peut entendre un « C'est tout », ou un « Ca suffit » gouailleurs, et on change alors de registre, on va dessiner, ou bien jouer à je ne sais quoi. Comme un chat (le dessin mis à part) c'est-à-dire comme n'importe quel autre enfant ou adulte. En fait, je n'ai jamais perçu de grande différence entre les comportements affectifs de mes divers enfants (mises à part les crises rituelles) et je tiens à le dire. L'un des stéréotypes les plus courants (et inoffensifs) depuis que nos sociétés se familiarisent avec la trisomie, est : « Ces enfants-là sont très affectueux » (sic). Sans doute parce qu'on le remarque mieux, et surtout que l'on s'en étonne.

Ces gestes de tendresse ont aussi un petit relent de théâtre, ou de télévision. Leur source est certes antérieure à la fréquentation du tout petit écran, mais cette fréquentation n'est probablement pas étrangère à leur mise en scène.

A ce propos, le moment est venu de parler du rôle joué par ce « petit écran » dans la vie de Marine. Ces dernières années, la télévision a été pour elle une forme d'expérience du monde, de mille réalités humaines mises à sa portée comme un jeu.

Petits écrans

Un poste de télévision se comporte constamment en tyran. Marine a su mettre à profit cette intrusion. L'inlassable répétition qui a toujours été le « truc » fondamental de la pédagogie, l'est à plus forte raison pour un trisomique. De même que l'inlassable répétition de mots prononcés correctement a fini par transformer en langage souvent irréprochable le baragouin-gazouillis de Marine, de même, la compagnie de la télévision l'a mise au diapason du monde ambiant. Il faut dire que nous avons pris le soin de regarder ses émissions préférées, assez souvent - suffisamment pour pouvoir en parler entre nous. La télé s'est trouvée ainsi comme intégrée dans notre cercle familial. Le tyran est devenu source inépuisable d'allusions, de comparaisons, de discussions qu'on ne saurait attendre d'un simple dialogue avec l'entourage. L'intrus est devenu partie prenante et donnante.

Pour commencer, les feuilletons élus ont fourni des visages et des noms qu'on retrouvait jour après jour, et qui étaient autres que les visages trop familiers de la maison ou ceux, souvent traumatisés et traumatisants, de l'école. Puis, ils ont fourni des histoires que Marine a suivies plus ou moins bien, mais avec passion. Cette passion a joué son théâtre avec un certain suivi. Cette source d'intérêt, d'accès facile et répété, lui a décidément beaucoup apporté.

Les inconvénients n'ont pas, non plus, manqué. Pour un temps, Marine a cultivé à partir de cela une véritable manie, qui consistait à découper dans un programme de télévision les visages favoris de ses feuilletons. Ces têtes découpées ont occupé des panneaux, et les panneaux ont recouvert les murs de sa chambre.

Ils ont ensuite occupé des cahiers et des classeurs : il y en avait partout, dans les placards, sur les tables et on ne pouvait pas plus y toucher qu'un brahmane à une vache sacrée ! Ce qui est admirable, c'est qu'elle s'y retrouvait.

Ce safari a bien duré quatre ou cinq ans, entre la quinzième et la vingtième année de Marine. Nous l'avons raisonnée jour après jour, lui montrant que c'était exagéré, que ça envahissait tout, que ce n'était plus de son âge, qu'il y avait certainement mieux à faire, etc. etc. Elle a commencé peu à peu à réagir, à freiner deci, de-là, à se limiter dans le choix des découpages. Puis, il nous a semblé que le moment était venu de s'attaquer aux programmes de télévision. Après plusieurs essais d'interruption, nous lui avons montré une brochure non illustrée où elle devrait apprendre à repêcher ses émissions préférées sans le secours des photographies qui inondaient la maison. Cela a marché et les trombinoscopes ont progressivement disparu. « J'ai vingt ans », dit Marine, qui a conscience de ce que cet âge est censé exiger.

Côté cinéma, tant que nous y sommes, l'épreuve a été différente. Les premiers essais, entre cinq et quinze ans, ont été tout à fait négatifs. Même avec un film théoriquement attirant, un Disney par exemple, il y avait saturation au bout d'un quart d'heure, impossibilité de fixer son attention en restant plantée dans un fauteuil, sans la ressource de la mobilité autour d'un écran de télévision. Mais à dix-huit ans, Marine s'est montrée tout à fait capable de suivre avec intérêt un film d'une durée raisonnable.

TOUSSEULE

Très tôt, Marine a manifesté de la joie à faire les choses par elle-même. « Tousseule » a été l'une de ses premières rengaines. C'est à croire que l'autonomie - cette fameuse autonomie dont on parle tant, non sans raison - est aussi oxygénante que la respiration. « Tousseule », progressivement, pour se servir à table, pour s'habiller, se baigner, toutes choses ainsi acquises autour de douze ans. Mais que d'aventures intermédiaires ! Surtout pour l'habillement. Parmi les aventures les plus marquantes, alors que Marine avait sept ans : la découverte un soir, au fond de ses chaussures, le bout replié deux ou trois fois, d'une paire de chaussette chipées à papa. Puis des tenues de perroquet subrepticement revêtues alors que nous devions sortir. Nous nous sommes efforcés de le lui faire percevoir face à un miroir. Cela au coup par coup, sans trop insister. Nous avons essayé de lui montrer que l'harmonie des couleurs n'existe pas seulement dans les compositions picturales. A cet effet, on tente de mettre à sa disposition des articles vestimentaires « assortissables », sous ses yeux. Et on parlemente, on parlemente, on discute, c'est le cas de le dire, pièce à pièce.

De plus en plus souvent, Marine, qui se cache pour s'habiller et interdit l'entrée de sa chambre - on n'a même pas le droit de mettre le nez dans ses placards - se produit avec des tenues convenables. Il y a aussi, parfois, de la provocation dans ses choix. Il est arrivé que, si je me résolvais à sortir en compagnie d'un « perroquet », elle s'éclipse (quand on était sur le pas de la porte) pour échanger ses vêtements contre une tenue moins bariolée.

Ce besoin d'autonomie a donc lui-même besoin d'être guidé. Nous y avons bien réfléchi. Nous vivons encastrés dans une société où tout n'est pas mauvais. Marine serait-elle plus autonome si elle sortait vêtue comme un clown, ou en tenue légère par temps froid, pour prendre mal ? ou avec des pulls empilés par un jour de chaleur ? (le cas s'est parfois présenté). C'est là que le concept d'éducation prend tout son sens, et il est hautement valable dans le cas de la trisomie. Seulement, il faut du temps, beaucoup de temps, beaucoup d'échecs acceptés sans hargne et, il faut le dire, beaucoup d'amour. Il faut même de la passion dans tout cela. Aux deux sens du terme « passion ». Je crois que certains éducateurs sont capables de cela tout autant que les parents. Les mamans en sont seulement plus touchées : je veux dire que cela leur incombe au premier chef, parce qu'elles sont plus « là » - en principe, plus constamment présentes. « Tousseule » aussi pour aller et venir ; le contexte est roi. Il peut être favorable. Il peut être impraticable et même mortel. Cela nous a amenés à déménager une fois, à quitter cet immeuble à double sortie dont nous avons déjà parlé.

Dans un nouveau contexte, au milieu d'un parc fort vaste et bordé de diverses lignes de protection, ou de dissuasion, Marine a pu apprendre, douze années durant (donc jusqu'à dix-huit ans) à se perdre et à se retrouver. Cela lui a permis de vivre dans une sorte de liberté, qui était un pis-aller enviable par rapport à ce que nous avions quitté.

Pour mieux aider ceux qui nous lisent, il faut extrapoler un peu et parler de quelques autres cas portés à notre connaissance. Marine n'est qu'un cas parmi d'autres, tous différents. Ce qu'elle reçoit d'éducation n'est pas un modèle, mais bien une éventualité. Tout est régi, en cette affaire, par les circonstances particulières qui sont le lot de sa famille, de même que dans les autres cas, toujours bien particuliers, les circonstances régissent le mode de vie à partir duquel on éduque. Plusieurs amies de Marine, atteintes de la même infirmité, ont pu évoluer très jeunes dans un contexte franchement citadin. Deux d'entre elles font leurs courses et prennent métro et bus, pas véritablement sans problème, mais avec un minimum de risques (accidents de parcours rares, et mineurs). Une troisième, rencontrée à quinze ans, semblait suivre le même chemin. Une autre, qui est très pieuse, va à la messe « tousseule », mais il se trouve qu'elle habite un immeuble au chevet de l'église. Une autre a appris à aller à l'école « tousseule » dès l'âge de sept ou huit ans, mais l'école, bien qu'assez éloignée, se trouvait absolument en droite ligne de son domicile et les repères ont pu être acquis très simplement, très vite, par simple répétition. Cette même enfant a appris à jouer du piano : il y avait dans son immeuble un professeur de musique. Encore fallait-il que ce professeur fut doué pour ce travail, mais il fallait aussi que la proximité, l'accessibilité, la fréquence pussent jouer leurs propres rôles. Lorsqu'une leçon efficace ne peut durer plus que quelques minutes, on ne peut avoir recours, pour beaucoup de raisons, à un professeur lointain. Les circonstances ! Et si on peut les créer, tant mieux !

L'« autonomisation » de Marine reste néanmoins une zone en clair-obscur. On pressent en elle mille capacités dormantes et on ne sait comment les éveiller. C'est là encore le problème de la clé perdue - ou plutôt encore jamais trouvée. Les circonstances s'en chargent parfois et bien que je n'aie pas de souvenirs précis à consigner sur ce point, je sais que Marine, plusieurs fois, a su faire face « tousseule », devant les évènements.

J'ignore si on peut mettre sur le compte de l'autonomie l'exercice du réflexe, de la pure réaction fonctionnelle, dans ce qui va suivre. Il est arrivé, en vacances d'été, que Marine dérape sur le sol glissant et tombe dans un trou de rivière assez étroit et profond : elle s'est immédiatement ressaisie, s'est mise à nager et s'en est sortie à merveille, là où d'autres, même adultes, se seraient trouvés en difficulté. Il fallait bien sûr, un bon entraînement de base, un entraînement préalable à la nage. C'est pourquoi, en tout état de cause, un entraînement maximal en un maximum de domaines me semble la meilleure préparation à longue portée pour aider un trisomique à conquérir une certaine autonomie.

L'OPÉRATION

Un exemple intéressant concerne, non pas exactement un comportement autonome, ce serait trop dire, mais une attitude autonome dans une période particulière de la vie. Il s'agit de l'attitude de Marine lors d'une opération de la vésicule biliaire, et pendant les semaines qui l'ont précédée. Là encore, il y avait une certaine préparation de terrain à longue portée. Grâce à sa grand-mère d'une part, à certains feuilletons télévisés de l'autre, Marine a été passablement initiée aux contextes hospitaliers, et à la notion d'intervention chirurgicale. Tout cela lui est devenu familier pour ne pas dire attirant et, avec un brin d'amour des comédies, Marine s'est fabriqué un épisode marquant de sa vie (elle avait à peine plus de vingt ans).

L'annonce de l'opération pour le mois suivant déclenche une joie manifeste. On veut tout projeter dans le détail, les objets à emporter, les gens à prévenir, jusqu'au numéro de la chambre, qui devra être sept. Et il faudra des fleurs. Marine prévient, au téléphone, je ne sais combien de personnes, indiquant la date de l'opération, le numéro de la chambre (!) et réclamant des fleurs. Elle nous demande cinquante, cent fois, quel sera le numéro de la chambre, question qui ne lui semble pas incompatible avec le fait qu'elle en a déjà décidé. L'excitation va se poursuivre jusqu'à l'entrée en clinique. On a fabriqué une pancarte portant le numéro Sept (qu'il faudra transformer en quatorze). L'installation va se faire dans la solennité : la table de chevet sera le siège de la montre-bracelet et des premières fleurs roses (il fallait qu'elles fussent roses). Tout l'attirail réglementaire des déplacements de Marine tiendra sur une grande table de lit placée, pour la circonstance, au bout de la table de chevet. On y trouve côte à côte une énorme boîte de feutres de vingt-cinq couleurs différentes, du papier, des cartes postales reçues d'amis chers, certaines vieilles de plusieurs mois ou années - un nid à lunettes (des lunettes qu'on ne met jamais) - deux livres inséparables bien qu'on ne sache pas encore lire : *Le Petit Prince* et le bouquin de ce malheureux Philippe de Dieuleveult, qui est devenu le talisman de Marine, et dont elle « lit » quelques pages/images presque chaque soir. Plus diverses autres babioles, petites boîtes, papiers coloriés, qui comptent beaucoup pour elle, et qui sont ses pénates.

Les relations qui s'établissent avec le personnel soignant sont quasiment idylliques. Avec les médecins, c'est du délire. Elle suit avec le plus grand intérêt tout ce qu'on lui fait et retrouve certainement derrière tous ces gestes, ce qu'elle a vu faire à tel ou tel de ses familiers à la télévision - ou bien à sa grand-mère au cours d'un de ses séjours hospitaliers. Et le départ en salle d'opération s'effectue dans le calme et la curiosité.

Le retour sera certes moins brillant, de même que le réveil plutôt geignant. La première nuit sera plutôt dure - je suis restée toute la nuit auprès d'elle et comme elle souffrait beaucoup en dépit des calmants, j'ai ouvert la télévision vers deux heures du matin, tombant sur un western qui a réglé tous les problèmes pour un bon moment. Puis à nouveau, pleurs et gémissements. J'ai dû tomber enfin endormie lorsque, du bout de son bras, du lit voisin, Marine me secoue en criant distinctement : « Dibout (sic), c'est le matin. » Il était en effet huit heures.

Les douleurs décroissant, la perfusion étant acceptée même, semble-t-il, avec une certaine fierté, la famille s'entend dire : « Vous pouvez partir maintenant ». On n'en demandait pas tant ! Marine va recevoir d'innombrables coups de téléphone dont elle rend compte quand nous revenons la voir. On se répartit encore deux ou trois nuits auprès d'elle, mais tout va se passer comme si on avait affaire à un adulte ordinaire. Ou même, au dire du corps médical, une trisomique extraordinaire (?).

Non sans épisodes un peu tendus. Par exemple, on a du mal à obtenir, au bout de trois jours, qu'elle arpente le couloir de la clinique pour faire quelques cent mètres de temps à autre. C'est une amie de passage qui va l'entraîner, chose inattendue, sans la moindre difficulté ; on ne compte plus les « couloirs » qu'elles font ensemble. Puis le pli sera pris pour la suite. J'ai souvent songé aux tours de manivelle jadis nécessaires pour mettre en marche une voiture réticente ; à tout âge, cela a souvent été le cas avec Marine. Seulement, pas n'importe quelle manivelle - et pas n'importe quel manipulateur de manivelle. Ou c'est encore, si l'on veut, le problème de la serrure et de la clé, déjà évoqué, pour que l'autonomie s'enclenche. Problème d'allumage en quelque sorte : au moteur - ou bien au silex.

Au retour de la clinique, la reprise de possession de sa chambre par Marine a été aussi un évènement. Nous nous sommes une fois de plus rendu compte de l'importance du coin à soi, que personne (fût-ce pour y faire parfois du ménage) n'est censé toucher. C'est peut-être l'une des bases du sentiment d'autonomie, car il faut décoller d'une base. Marine, pendant son absence, est soucieuse de savoir si on était entré dans sa chambre, si la porte était restée fermée, si on n'avait rien dérangé de ses objets personnels. Il fallait la rassurer sur ce point. En fait, elle n'avait, semble-t-il, aucun autre souci à partager. Cette maniaquerie n'est-elle pas le lot de bien des jeunes, et souvent aussi, de moins jeunes ? Là encore, rien que de très normal, et c'est peut-être ce qu'il faut souligner.

JOIES - TRISTESSES - DOULEURS

Cette opération de la vésicule a été somme toute une source de joies prolongées. On mettait sur le compte de cette vésicule la totalité des douleurs viscérales qui accablaient Marine depuis deux ou trois ans. Pour elle, le départ des fameux « cailloux » représentait la panacée, et, surtout, la fin d'un régime qui, sans rapport direct avec la vésicule, excluait les crudités. C'est pourquoi, longtemps avant l'opération, Marine s'était mise à exploser en crises de joie (très fréquentes) dans la perspective de pouvoir à nouveau manger des crudités - qu'elle adore - à son gré. Nous l'avons même trouvée une fois, montée sur son lit, bondissant et rebondissant à pieds joints en hurlant : « Je vais guérir, je vais guérir, je vais manger des crudités ! ».

C'est que l'expérience de la joie bondissante est très forte chez elle. Quand elle est satisfaite de quelque chose - et cela lui arrive assez souvent - elle sait le manifester, et la danse en est le moyen d'expression privilégié. Danse tout à fait spontanée, que nous sommes souvent aussi invités à partager : elle nous fait littéralement entrer dans la danse. La musique, sur disque ou en cassette, étant appelée à la rescousse, le numéro peut durer.

La tristesse, chez elle, a d'autres rythmes. Elle n'explose pas, mais elle sort des profondeurs. Nous l'avons comme touchée du doigt un certain nombre de fois, où Marine a semblé prendre conscience d'une incapacité à faire certaines choses comme les autres les font : lire et écrire, par exemple. J'entends, lire et écrire aux pleins sens de ces termes, car elle copie et déchiffre très correctement, pour l'art de la lettre dessinée, et perçue. Je crois avoir déjà dit sur quel ton déchirant elle gémit : « Je peux pas », comme en baissant les bras, en s'affalant de l'intérieur. Cette tristesse est-elle un état permanent, une dépression cachée qui émerge en ces moments-là, et qui expliquerait cette sorte de mollesse, d'effondrement qui transparaît dans son comportement et, surtout, dans ses refus ?

Marine est tout à fait capable de sentir notre propre tristesse et de nous remonter spontanément le moral au moment le plus opportun. Mais il lui arrive aussi de porter à fleur d'âme la tristesse qui couve ; cela a pu affecter des périodes entières de son existence - et nous à travers elle. Peut-être faudrait-il parler un peu d'une période qui fut le théâtre tristement (c'est le cas de le dire) privilégié d'une semblable crise - comme d'une traversée de la vie sans joie, presque sans oxygène.

Sans vouloir incriminer l'institution, plus ou moins bonne selon ceux qui, à tel moment, en ont la charge, on peut dire que les dix-neuvième et vingtième années de Marine ont été fortement perturbées par un séjour en EMPro, en quelque sorte sans issue. Sa personnalité en a été profondément affectée, pour ne pas dire altérée, et je ne vois pas comment parler d'elle, à ceux qui s'intéressent à la trisomie, sans dire quelque chose de cette expérience.

Expérience de la douleur, de l'angoisse : et peut-être expérience commune à bien des adolescents trisomiques, et peut-être portée à un degré excessif du fait de sa personnalité.

Il n'est pas possible de faire l'historique de ce qui s'est passé entre Marine, et l'institution en question. Disons seulement qu'avec une première éducatrice, après une brève période de heurts, ca a marché sans problèmes importants pendant un an et demi. Lorsque cette éducatrice a quitté le groupe, le phénomène s'est inversé : pas de heurts au début, au contraire, une espèce de fixation du côté de Marine, qui n'arrêtait pas de parler de cette personne, et de tout y référer à tout moment. Et voilà que Marine n'a plus supporté la « journée » entière en ce lieu. La fatigue l'envahit. La tristesse aussi, cela va ensemble - et l'une excite l'autre. Elle n'a cessé de réclamer, plus d'une année durant, de rentrer à la maison avant 16h30. C'est devenu en quelque sorte le marchandage du matin : « C'est trop long. Je peux pas ». Cela ne semblait pas être un refus du travail, mais de sa durée. Il est difficile de la tirer du lit le matin, et de la faire partir à l'heure. La litanie se reproduit jour après jour, avec une constance désespérante : « C'est trop long. Je peux pas. »

Comment faire, en pareils cas (dont j'ai pu voir qu'ils n'étaient pas exceptionnels) la part du « système » et celle des personnes ? Il est bon que les parents puissent s'attendre à ce genre d'épreuve et sachent qu'elles se traversent plus qu'elles ne se résolvent - avec dégâts, mais non sans acquis.

Chômages et maturations

A la fin de l'année « scolaire » qui encadre le vingtième anniversaire, Marine restera en panne sèche. Il n'était pas encore question de l'« amendement Creton » qui permettra le maintien dans un établissement au-delà des vingt ans fatidiques lorsqu'il n'y a pas d'autre solution en vue. Les CAT, saturés, n'eussent d'ailleurs pas constitue de solution car Marine - tests et stages à l'appui - a été jugée inapte aux activités de ce type d'établissement.

Alors, c'est le chômage organisé tant bien que mal, avec ses lourdeurs et ses charmes. Moins de contraintes horaires pour tous, mais bien d'autres contraintes nées en contrepartie. Des leçons particulières, l'atelier de Personimages, toutes occupations qui font un peu fermenter la journée trois fois par semaine, de même que la visite hebdomadaire d'une amie qui a le don de tout animer.

Marine prend en mains tant bien que mal le reste de son temps. Elle peut mettre au compte des pertes un excédent de télévision, certains jours - et une assez forte tendance à l'avachissement le matin. Mais elle s'organise spontanément et crée ses propres programmes : rangements, dessin, intermèdes de repos : « maintenant je repose un peu » - musique et danse. Elle a ses petites chorégraphies et peut danser longtemps, seule, devant les grands miroirs de sa chambre.

Sa chambre est une merveille d'ordre dans le fouillis. Fouillis sur les murs seulement, où se mêlent ses plus beaux tableaux, et quelques découpages de revues assemblés en panneaux qui même, occasionnellement, viennent prendre la place de tableaux décrochés pour la circonstance. En tout cas, de la couleur partout, de la vie, des petits objets-trophées bien rangés dans tous les coins, avec un soin évident. Avec des places assignées ; mais de temps à autre, l'ordre change, tout se remanie et se réorganise pour un nouveau laps de temps. Tout est stable et, en même temps tout bouge.

Plusieurs mois de convalescence, de jachère après une longue période d'usure sans grand profit, c'est bien. Mais sur quoi va-t-elle déboucher ? On mise un peu sur l'apprentissage de la lecture, de l'écriture, et sur le PEI qui s'avère fort intéressant et sera d'ailleurs poursuivi quatre années durant. Il s'agit du « Programme d'Enrichissement Instrumental » élaboré par le professeur Feuerstein, pratiqué pour la formation d'instituteurs déjà en fonctions, à l'Université de Paris V. D'autres activités s'y ajouteront, on le verra plus loin.

Dans tout cela, Marine, en tout cas, mûrit. Elle réfléchit souvent, et le dit. Elle a découvert très tôt ce qu'est la réflexion, et c'est pour elle une véritable activité. Elle prend soin de toutes sortes de choses qui nous émeuvent. Ces œufs sortis de leur boîte et bien rangés dans leurs alvéoles sans qu'on le lui ait demandé - ce saladier méticuleusement recouvert de papier métallique dans le frigidaire. Cette main discrète qui tire le dessus du lit, ou remet un objet en place. Pourtant elle a été si longtemps rebelle à toute occupation de type ménager, à toute activité requise dans des délais précis, que nous avions pratiquement renoncé à la voir s'y intéresser. Nous avons donc de bonnes surprises.

Il semble qu'elle se sente au moins un peu responsable de la bonne marche des choses dans la maison. Peut-être ai-je eu raison de réduire les exigences formelles à une seule chose à longueur d'années, à savoir le rangement de la vaisselle propre après un lavage en machine ? La formule rituelle a été : « C'est ta responsabilité », et cette notion a fini par « entrer ». Mais que de patience il a fallu, combien de vaisselles abandonnées pour un temps indéterminé alors qu'assiettes et couverts sales, faute de place, attendaient hors machine.

Il en a été de même pour la notion de vérité. Cela a commencé très tôt, entre sept et douze ans, pendant une période où j'emmenais souvent Marine en voiture, dans Paris, conduisant sans savoir où j'allais - pour l'occuper plutôt que de la voir traîner sans qu'on parvienne à fixer vraiment son attention sur une activité quelconque. Les feux verts et rouges l'intéressaient évidemment. Je l'ai alors habituée à discerner entre les deux opérations, feu vert/feu rouge, et à me l'annoncer, lui montrant bien mon indignation et refusant évidemment de redémarrer lorsqu'elle annonçait prématurément le feu vert. J'ai pris l'habitude de centrer son attention sur les mots « vert » et « vérité » - lorsque nous redémarrions : « vert, c'est la vérité ». Le jeu des mots porte ses propres fruits. Il semble bien que la notion de vérité ait fini par pénétrer, en tout cas, par ce biais, dans cette mystérieuse petite tête où tant de choses se passent.

En effet, Marine est devenue très soucieuse de vérité et lorsqu'il lui arrive de mentir, elle se « dément » très vite, discrètement, bien que clairement. Pour le brossage des dents, par exemple. On comprend bien que ce soit ennuyeux, par moments du moins, mais elle en connaît l'importance ; et notre dentiste s'est employé, avec un art consommé, à la lui expliquer. Si le « oui » en réponse à la rengaine « Tu as fait tes dents ? » ne correspond pas à la verte vérité, il est bientôt suivi d'une visite à la salle de bains ; et on entend, contradictoirement, le bruit de la brosse électrique. Maintenant, c'est elle qui nous harcèle après chaque repas : « Tu as fait tes dents ? ». Pas moyen d'y couper.

Les fruits qui poussent tout en lenteur semblent mieux se former en cette période pourtant difficile, où l'absence de support institutionnel paraît tout relâcher. Et le langage croît comme un arbre.

Langages

Il aura fallu une vingtaine d'années pour que Marine fasse la conquête d'un langage au moins partiellement normal. Les appréciations peuvent être subjectives. J'ai un jour tenté de consigner ce qu'elle exprimait, mot pour mot, au cours d'une visite dans sa chambre. Les circonstances s'y prêtaient, en ce sens qu'elle était bloquée par un gros rhume. J'avais ce prétexte pour rester près d'elle. L'expérience a été, comme presque toute autre de ce genre, faussée par quelque chose. En l'occurrence, elle me voyait prendre des notes, ce qui l'intriguait. Si je lui avais dit de quoi il s'agissait, les choses eussent été encore plus faussées. Voici ce qu'elle a pu me dire, d'elle-même, mot pour mot, particule pour particule, au fil de ce moment :

Miaou.

Je suis coincée.

Maman, ta fille ! Ça c'est pour quoi faire ?

Vas-y, lis - et ça qu'est-ce que c'est ?

Maman, ma chérie, oh non !

Pourquoi tu copies tout ? Écoute Maman, oh t'es chiante, arrête des bêtises comme ça !

C'est samedi.

Arrête, tu dis n'importe quoi, tu copies n'importe quoi.

Oh non, la barbe, j'en ai marre - je m'en fous - tu vas montrer à papa ? et pourquoi ?

J'ai fait cauchemar - je rêve, - j'ai déjà dit, Joël et Killy (il s'agit évidemment du feuilleton télévisé « Santa Barbara »)

Tu écris tout maman - dis-moi à moi ta fille.

Vraiment casse-pieds !

C'est vrai que tu ronronnes comme ça ? Pourquoi tu ronronnes comme ça ? Ça m'énerve.

Moi, je veux bien les voir moi - il y a longtemps j'ai pas vu. Il n'y a pas un médicament au milieu du pain ? (il s'agit d'un médicament qu'on doit prendre au milieu du repas).

Tu m'agaces alors, flûte ! J'en ai marre de toi !

Ça, c'est du café ?

Je suis pas d'accord. Je me tords ?, prends la photo s'il te plaît.

C'est fini l'hôpital à la télé, il s'arrête (un autre feuilleton) à huit heures du matin, c'est fini.

Dorothée, c'est tous les dimanches - je regarde deuxième chaîne tout à l'heure - je n'ai pas le programme TV, le nouveau.

Moi non plus - ah le rhume qui m'agace, ras-le-bol !

Un p'tit câlin !

Moi je sors pas en voiture, j'ai pas envie.

Tu donnes mon pain ?

Parce que je suis ton bébé vingt ans - majeur - c'est tout.

J'ai vu Mourousi à la Télé, la première.

T'écris, maman ? Tu me fais mal. Tu viens dans ma chambre pour voir des cassettes - deux cassettes avec petits dessins dessus - petites maisons, avec soleil - deux cassettes. (Marine marque ses cassettes, parfois, avec des dessins qui lui permettent de les identifier).

Une année s'est écoulée depuis. On peut constater que le langage s'est encore construit depuis, comme un puzzle où il aurait manqué quelques pièces d'une même couleur, articles et pronoms en particulier. Constamment, on a maintenant de véritables coulées de langage normalisé.

A la source de ce déclenchement, de cette complétion qui surviendra vingt ans passés, il y a sans nul doute l'inlassable répétition suscitée par l'acharnement paternel. Acharnement qui a souvent mis à l'épreuve toute la famille, car papa a sans faillir passé au peigne fin tout ce qu'il entendait de Marine, refusant de répondre à ce qui était mal dit, et obtenant (surtout à partir de la quinzième année) des répétitions de mots ou de bouts de phrase jusqu'à rectification complète.

Un jeu est né de tout cela, qui a également porté ses fruits. Bien que cela ne soit pas une théorie considérée comme pédagogique, je le sais bien, cela aura pourtant été, en ce cas, positif, et constructif. Je m'explique.

Il s'agissait d'employer les formules ou constructions défectueuses les plus fréquentes chez Marine. Alors, elle les corrigeait à son tour, avec amusement, ou indignation. Le mécanisme avait même fini par devenir le suivant : on répétait son erreur (il fallait qu'elle fût flagrante) au lieu de la corriger - et alors, elle corrigeait elle-même. Cela montre qu'elle avait réellement appris de quoi il retournait.

Marine majeure - Ta fille

Au cours d'une de ces conversations prolongées que nous avons souvent sur tout et rien, j'ai dit à Marine : « parle-moi de toi ». Elle a choisi de commencer par le présent avant de passer au début. Voici ce qu'elle a dit - elle avait environ vingt ans.

Je suis Marine, majeure.
Je suis née à Saint-Germain-en-Laye le 25 février 1966.
J'étais un bébé dans ton ventre à toi - ta fille
C'est fini maintenant, je suis majeure.
Je suis Marine, c'est une drôle d'histoire quand j'étais petite
à Marly-le-Roi quand j'étais petite.
Petits câlins de Maman quand j'étais petite - petits bisous.
Gros câlins - j'ai pleuré quand j'étais bébé.
J'ai une chambre seule.

Effectivement, Marine a depuis deux ans cette « chambre seule » qui avait été son désir, sa hantise pendant une période ou sa chambre était un passage entre deux pièces.

Autre grave accident de santé. Marine confinée à la maison où l'on verra défiler toute une variété d'agents d'animation, d'éducation psychomotrice et artistique, d'amis aimants et dévoués. Mais elle aura eu, pendant cette période extrêmement difficile, cette « chambre seule » dont elle avait tant besoin.

Ce récit finit sans se terminer car il me semble que Marine (bien que la trisomie se passe un peu d'âge comme de pendules) a le droit d'échapper aux observations indiscrètes.

Récit entièrement tourné vers le service des familles concernées par ce drame qui ne les lâchera pas, certes, mais qui, en cherchant bien, avec une persévérance qui doit être inlassable bien que souvent immensément lasse, trouveront des mains tendues. Mais elles ne les rencontreront pas, ou ne les percevront pas, si elles demeurent dans leur trou.

Tous les renforts sont bons en attendant certains paliers (pour la trisomie, il semble que ce soit entre vint cinq et trente ans) qui permettent de se stabiliser dans un environnement social raisonnable et animé. Tous les renforts, allant, comme on a pu l'entrevoir, de la gymnastique classique à la danse primitive en passant par le yoga - du dessin au crayon et au feutre à l'apprentissage, en atelier, de la gouache et du collage - de l'institutrice spécialisée ou non à la psychomotricienne, en passant par les orthophonistes, animateurs, musiciens, promeneuses et accompagnatrices en tous genres. La permanence, les innombrables soudures, étant assurées bien évidemment par la « tierce personne » familiale en service diurne et nocturne, assurance tous risques sans risque, crapahuteuse attitrée, chercheuse de relais car elle ne durera pas toujours.

Il reste à dire que dans tout cela, un fil conducteur, ou plutôt une cordée, à permis d'éviter les chutes vertigineuses et de pratiquer une certaine ascension, toujours en cours. Il s'agit de la peinture - pour Marine, et pour bien d'autres dont j'ai vu les talents s'éveiller. Mais il peut s'agir de toute autre chose. Marine dit souvent « c'est mon métier ». Oui, le métier. Chercher ce qui, chez tel ou tel enfant handicapé - lorsque cela est possible - peut lui plaire d'abord et en même temps l'aider à se construire, à tenir debout, à maîtriser quelque chose. On patauge quelquefois à longueur d'années, on s'enlise, on tourne en rond, on fait marche arrière, on redémarre mais on se rendra compte que les stimulations initiales, systématiques, sont payantes à retardement, ne fût-ce que par le résultat de leur durée et de leur accumulation. Stimuler, et ne pas abandonner plus que quelques heures, ou quelques jours.

Choisir la vie, opter pour la vie est un postulat initial, moitié pari, moitié défi. Vivre un tel choix est souvent abominablement difficile, et il serait inconcevable de jeter la pierre à ceux qui n'en ressentiraient pas le désir à la naissance d'un enfant blessé - ou qui devraient abandonner en chemin.

Un tel choix reste en tous cas l'indispensable allumage - l'amour patient, venant des deux côtés, étant le carburant.

Ainsi vont les choses.

III - SUR QUELQUE VINGT ANS :
LE REGARD DU PÈRE

La crainte des catastrophes les attire-t-elles ? Sans immenses appétits de paternité, je pensais bien un jour avoir des enfants. Le seul fait de ne pas être irréductiblement opposé à l'idée de mariage entraînait cette conséquence, ne fût-ce que pour satisfaire les désirs probables de la partenaire, bien qu'à l'époque où naquit cette crainte, celle-ci ne fût pas encore connue. La crainte en question était la naissance d'enfants complètement idiots ou difformes ou auxquels il manquerait un membre. La première éventualité était peut-être celle qui m'effrayait le plus.

Observations et souvenirs en vrac

1985 : Notre Marine maintenant trisomique charmante (et charmeuse) de dix-neuf ans, est à l'instant précis où je frappe ces mots, penchée sur mon épaule, et selon son habitude de poser des questions auxquelles elle serait parfaitement à même de répondre, me demande : « Qu'est-ce que tu fais ? » Je réponds par le mot aussi sacré pour elle que pour ses parents : « Je travaille ». Elle s'en va, satisfaite et indulgente. Je n'ai pas essayé de lui expliquer à quoi je travaillais. Il y a quelque temps, je lui ai dit que sa mère était en train d'écrire - elle aussi, et avant moi -, un livre sur elle. « Ah, bon ! » fut le seul commentaire.

L'idée qu'un livre soit écrit sur elle la dépasse, ou ne l'intéresse nullement. Pourtant, la première forme que prenaient mes craintes prénatales, celle de l'idiotie, n'est pas à proprement parler, réalisée. Marine n'est absolument pas idiote. Mais elle a des moments d'idiotie. Quels sont les gens prétendus intelligents, qui n'en offrent pas ? Disons que son rythme à elle, est fâcheux. Il est pourtant souvent interrompu et l'intelligence, le bon sens, une certaine forme de raisonnement, instinctif, mais non moins valable, éclatent. Ils éclatent et paraissent alors d'autant plus sensationnels que le terrain d'éclosion ne le laisse pas toujours prévoir ; même lorsque l'on est prévenu et aux aguets. Avant la naissance de mes enfants, je craignais celle d'un « monstre ». Marine n'a rien d'un monstre, ni au physique ni au moral. Mais je n'ai pu me défaire de cette prénotion. Je ne vois pas réellement en elle un « monstre », mais je ne peux m'empêcher de la considérer comme un être presque « monstrueux », dans le sens d'exceptionnel, d'extraordinaire à travers des réactions qui, même maintenant plus ou moins attendues, me semblent anormales, inespérées, presque merveilleuses. En mon for intérieur, avec cette vieille notion préconçue du « monstre », je m'émerveille de tout ce qui, en Marine, se manifeste, soit normalement, soit même brillamment. Et chaque fois, (malgré la fréquence, ma faculté d'émerveillement me paraît inépuisable), j'éprouve un attendrissement absolu devant une remarque sensée, un geste attentionné, l'affirmation d'une personnalité genre « Touche pas à mon pote » appliqué à elle-même et traduite par l'affirmation énergique : « Chuis là ! ».

L'enfant mongolien (le « trisomique 21 », le « triso » ainsi que l'on essaie de le dire pudiquement, mais je déteste ce genre d'appellation qui m'a longtemps paru traduire plus de honte que de pudeur, et j'emploie de temps en temps le mot « mongolien », même devant Marine, qui se doit de le connaître, le comprendre et s'y habituer - mais elle cherche à s'en défendre), le mongolien donc, lorsqu'il n'est pas transformé en fantôme soigneusement éloigné et dissimulé, a bien des raisons d'affirmer sa personnalité. Il en a à revendre si on lui permet de la laisser éclore. Marine l'affirme en toutes circonstances, une des plus amusantes se produisant à l'occasion de ses randonnées à vélo dans Paris avec moi. Marine monte à vélo depuis des années, mais elle l'avait toujours fait à l'intérieur d'un parc. La circulation y était réduite, et l'observation du Code de la route pouvait sans grand danger y être assez négligée. Mes incitations à l'observer n'en ont pas moins été vigilantes. Quand nous n'avons plus eu ce Parc à notre disposition, nous nous sommes lancés dans Paris. J'ai eu - et je continue souvent à avoir - plus peur qu'elle. Au début, nous descendions même sagement de vélo à certains croisements sans signalisation et empruntions à pied les passages cloutés. Quelques mois plus tard, nous pouvions aller presque n'importe où. Je crois que je continue à avoir plus peur que Marine. Mais je m'obstine car elle acquiert ainsi une faculté, une aisance, qui la rattacheront d'une certaine façon, à la communauté, ou tout au moins, ne l'en sépareront pas. Son assurance en sera augmentée et dans ce domaine, elle ne nous dira pas, sur un ton qui fend le cœur : « Chpeux pas ! » Il lui arrive aussi d'avoir peur - pas aux mêmes moments que moi. Elle me crie : « j'ai la trouille ! ». La prise de conscience est rassurante. Je l'incite, encore plus énergiquement qu'avant, à pédaler près de moi. J'essaie de lui faire comprendre que si nous faisons bloc, il y a moins de danger, car un automobiliste prendra peut-être le risque d'écraser un cycliste, mais il hésitera certainement à en écraser deux d'un coup ! Marine a un certain sens de l'humour, mais l'abstraction lui passe par-dessus la tête. Mon raisonnement la laisse froide, et elle se contente de sourire poliment. Ce qui donne souvent l'impression qu'elle a compris alors qu'il n'en est rien. Mais savoir opiner ou sourire au bon moment, n'est-ce pas un élément enviable des relations sociales ? Pas toujours nécessaire d'aller beaucoup plus loin. Et là aussi, Marine se défend. De même lorsqu'un automobiliste la frôle de trop près. Curieusement alors, elle n'a pas peur. Une certaine peur pourrait se révéler salutaire, mais au contraire, elle affirme alors sa personnalité dans son espace et elle engueule carrément l'automobiliste au lieu de chercher à s'écarter. « Cha va pas ? Chuis là ! » Le commentaire est parfois, dans des cas pourtant peu extrêmes : « Quel con, çui-là ! » Sa personnalité s'affirme d'une manière très normale.

Quand on pense à Marine, on finit par trouver qu'il y a beaucoup de « normal » en elle, et on se prend à penser que, pris en temps voulu, « scientifiquement » (en conférant au mot sa valeur absolue, parfaite, idéale et malheureusement mal concrétisée) ce « normal » pourrait bien finir par aboutir à quelque chose, ou plutôt à quelqu'un bien peu différent des êtres dits « normaux » à la naissance.

Les exemples de cette normalité sont si nombreux qu'il serait fastidieux de tenter d'en donner une liste. Commençons par le plus évident : si on fait tout ce que veut Marine, elle est ravie et sait se montrer délicieuse. Si on veut l'empêcher, surtout de vive force, de faire quelque chose, elle se met en colère, et la tension monte à la vitesse d'une fusée. Avec moi en particulier, car je n'ai pas le goût de la « diplomatie » (ni de la vraie ni de la fausse, qui consiste à « ruser » avec Marine). Sa mère surmonte l'obstacle avec maestria, entortille sa fille au bout de son petit doigt, avec une aisance que j'envie souvent, et réussit en général, en fin de compte, à lui faire faire ce qu'il fallait. C'est-à-dire qu'elle la remet dans le chemin que Marine n'avait somme toute voulu quitter que par entêtement animal, mécanique, sans réfléchir, apparemment par pur esprit de contradiction. Nous ne l'empêchons pourtant pas de s'affirmer, au contraire, et l'on aurait cru qu'elle n'aurait pas besoin d'avoir recours à ce mode enfantin pour y parvenir. La difficulté, dans ces circonstances, est de lui expliquer. C'est ce à quoi je m'essaie, comme avec un adulte (et là se trouve peut-être mon erreur) au lieu de contourner l'obstacle sans vergogne. L'ennui est qu'elle refuse d'entendre, au sens le plus propre du terme. Si par hasard, une fois l'orage calmé, je réussis à lui faire comprendre ce que je voulais lui faire faire, ce que j'ai essayé de lui faire accepter, et pourquoi, tout le visage s'éclaire alors, elle perd son expression mongolienne et butée et s'écrie souvent : « J'ai compris ! » ou « Chuis bête ! ». Les rôles, alors, s'inversent. Ne voulant pas qu'elle reste sur une impression aussi désastreusement négative, je lui démontre avec insistance qu'elle n'est pas bête du tout, mais que si elle refuse d'écouter et d'essayer de comprendre, elle continuera alors à faire des bêtises. On se trouve toujours un peu sur la corde raide avec elle : elle ne doit ni cultiver de complexes d'infériorité - et malgré toute son assurance, elle ne peut qu'avoir tendance à en cultiver car elle se rend bien compte qu'elle n'est pas « comme les autres » - ni se sentir exagérément exaltée par des parents désireux de la consolider quand même et de la préparer autant que faire se peut, aux rugosités de l'existence que nous ne pourrons plus aplanir après notre mort.

Quand on s'occupe de Marine, si elle ne s'est pas déjà trouvé elle-même une occupation, elle se prête totalement au jeu et montre une satisfaction encourageante. Si on ne répond pas tout de suite à ses avances, ou si on l'ignore, elle demeure - à table parfois - totalement muette, ou bien elle vous ressort son « Chuis là ! » assez irrésistible. Quoi de plus normal à nouveau ?

Marine adore la bonne chère, et n'est d'ailleurs pas difficile. Dès qu'elle a fini de manger un mets qu'elle a apprécié, ce qui est généralement le cas, elle lance un « Absolument délicieux ! » pénétré que nous trouvons souvent exagéré d'ailleurs, mais que nous ne goûtons pas moins. Son appréciation est d'ailleurs assez mécanique, nous nous en rendons compte. Si nous désapprouvons un aliment ou un plat déterminé, en général Marine endosse allégrement et même en rajoute. Nous risquons alors d'entendre en écho à notre propre désapprobation, un « Dégueulasse ! » ou un « Filthy ! » (car j'essaie de pousser Marine au bilinguisme, j'y reviendrai) - surtout lorsqu'il s'agit de boissons sucrées.

Marine aime ses aises - comme ses parents - et recherche objets et arrangements confortables et commodes. Une fois les emplacements idéaux trouvés, malheur à qui les change. Surtout si elle en est témoin ! Les habitudes d'ordre qu'elle nous a bienheureusement empruntées sont devenues chez elle une méticulosité confinant à la maniaquerie. Il est heureux qu'elle ne remarque pas toujours tout, une fois que l'opération a été effectuée - et elle est souvent nécessaire. Sa chambre peut ainsi conserver un aspect modérément surchargé seulement. Mais, de même qu'elle n'est pas prête à céder son espace cyclable à une voiture, de même déteste-t-elle les intrusions domiciliaires. Il est vrai que sa chambre a été accommodée à peu près selon ses désirs, qu'elle a été longuement consultée sur le choix des couleurs (à dominante rose), et elle s'y sent assez chez elle pour souffrir du moindre dérangement, aussi légitime soit-il.

Évidemment, nous frappons avant d'entrer chez elle. Comme elle a presque toujours son magnétophone, son électrophone ou sa radio en marche, il faut frapper fort si l'on veut être entendu. Les coups lui déplaisent bien naturellement, et on ne sait jamais si on entendra un courtois « Entrez ! » ou un « Encore ! Qu'est-ce qu'il y a ? », rugi furieusement. Le truc est alors d'entrer quand même, de s'arrêter sur le seuil de la porte, sans rien dire, de s'incliner très bas, à la manière japonaise (l'un des gestes spectaculaires à ses yeux, appris à la Cité Internationale, en même temps que les mains jointes portées sous le menton à la mode indienne). Même si elle est courbée sur sa table de travail, elle sent que l'intrusion n'est pas une invasion en force, elle lève la tête, l'incline un peu et accepte le dialogue. Ceci est peut-être un peu compliqué, mais y a-t-il là quoique ce soit de réellement anormal ?

Marine adore, quand elle se sent en forme, ce qui est fréquent, faire des courses avec nous, sortir pour sortir, se rendre utile lorsqu'elle est seule avec sa mère qui ne doit pas porter de paquets lourds. Et elle saisit très bien la nuance. Quand je suis avec ces dames, il devient beaucoup plus difficile de lui faire porter quelque chose. Ou si elle accepte, elle me rend l'objet trois minutes plus tard : « Chuis crevée ! ». Rien de bien anormal ici non plus.

Le « moins normal » (il est impossible, objectivement, de le qualifier d'« anormal ») est la difficulté invétérée de Marine à abandonner une occupation en cours. C'est en ces occasions que la patience de parents pressés, ou simplement plus conscients que Marine, de l'échéance horaire, est rudement mise à l'épreuve. On ne saurait tout à fait dire que le temps ne compte pas pour Marine, mais les tranches de journées et d'heures ne semblent pas se placer dans un ordre très net dans son esprit. Ce n'est qu'aux environs de dix-neuf ans que la succession des jours s'est ordonnée à peu près sans faille. Et ceci, grâce à certains feuilletons télévises. Pendant une période de chômage prolongé, l'intérêt que leur portait Marine a été si fort qu'elle finit par savoir ce qui se passait le mercredi, le vendredi ou le samedi. Du coup, les sept jours de la semaine se sont ordonnés en elle, alors que les douze mois de l'année ne lui disaient pas grand-chose, et les années à chiffre différent pratiquement rien en dehors de celle de naissance, 1966. Ce déroulement restait flou pour elle, exprimé ponctuellement par « il y a très longtemps », « quand j'étais un bébé d'un an » ou encore « ça passe vite ».

Sur le chapitre télévision, j'ajoute que Marine m'étonne toujours en donnant avec précision le numéro de la chaîne dispensant telle ou telle émission présentée par tel ou tel producteur - numéro que je n'ai jamais appris à me rappeler moi-même, et que je dois toujours rechercher au dernier moment si Marine n'est pas là pour me l'indiquer.

La mémoire de Marine est étrange. Si étrange que nous avons parfois l'impression qu'elle invente. Si nous avons la patience (et si nous réussissons à faire remonter à la surface le souvenir de faits éloignés et insignifiants) de procéder à un contre-interrogatoire minutieux sur ce qu'elle tente de nous rappeler, nous arrivons parfois à reconstituer des évènements absolument infimes, mais qui ont marqué Marine avec une vigueur inattendue. Ceci s'est produit si souvent que nous sommes persuadés qu'elle affabule très rarement, peut être même jamais. Quand nous ne retrouvons pas les circonstances qu'elle évoque, c'est plutôt parce que nous n'en avons pas été les témoins. La puissance évocatrice de Marine étant très limitée, l'évènement risque alors de demeurer définitivement enterré.

Cette mémoire, nous essayons de la stimuler dans le domaine lexicographique. Nous donnons la première syllabe d'un mot, à charge à Marine de fournir les autres. Entrant dans le jeu à sa manière, elle sort parfois n'importe quel mot - le mot est correct, il existe - sans aucun rapport avec le contexte. Mais c'est souvent le bon. Ce que nous admirons, car pour pratiquer ce jeu, Marine doit s'appuyer sur la seule première syllabe, précisément celle qu'elle a tendance à laisser tomber lorsque le mot est un peu long : (« compliqué » devient « pliqué », « déchiré » devient « chiré », etc.) Un autre jeu consiste à écorcher un mot qui lui a longtemps donné du mal et qu'elle a néanmoins fini par maîtriser. Il est alors amusant, lorsque nous le prononçons ainsi qu'elle l'a longtemps elle-même prononcé, de voir et d'entendre son indignation, suivie d'une remise en forme de la prononciation exacte. L'instinct pédagogique parental a-t-il été transmis à Marine ? On se rend compte alors que le clou a été bien enfoncé ; mais que de coups il a fallu donner pour y parvenir ! Les mots lui jouent des tours : la difficulté est grande pour elle, lorsqu'ils s'agit de conjuguer un verbe même simple.

Si on lui dit « tu n'es pas malade » et qu'elle veuille contredire, elle dira « jémalade » (sic) dont on peut difficilement dire si cela correspond à « j'ai malade » ou « j'est malade ».

Sans doute s'agit-il simplement d'une prolongation (indéfinie ?) du stade audio-oral par lequel passe tout enfant qui ne sait pas encore lire.

Par ailleurs, les synonymes l'amusent. Les nuances correctes et argotiques la ravissent. Alors qu'on lui reprochait l'emploi de « gros mots », elle répondit avec indignation : « Non, je dis "miel" ! ». Et si, dans le feu de l'action, elle dit : « Merde ! », il lui arrive de se reprendre et de moduler : « Non, je dis "miel" ! ». Sa gamme de nuances va d'ailleurs très au-delà de cet exemple. Entendre divers synonymes de « manger », tels que « croûter, bâfrer, brouter… » la fait frétiller de joie. Le fruit presque défendu à portée d'oreille ! Quand elle a faim, ce qui lui arrive avec une régularité redoutable, elle crie, selon les cas : « On mange ? » ou, avec un petit sourire de complicité afin de juger de son effet : « On bâfre ? ». Nous jouons alors de l'indignation de bon ton, mais c'est presque inutile. La nuance semble bien saisie.

Ce que je ne peux m'empêcher d'admirer, peut être à tort, est qu'elle connaisse autant de mots et d'expressions qu'elle emploie généralement à bon escient, alors qu'elle ne bénéficie d'aucun support écrit. Et ce qui constitue pour moi un sujet d'étonnement d'ailleurs douloureux, est qu'avec tous les éléments à sa disposition (sa connaissance du nom du chanteur, la photo du même chanteur, et le nom dudit chanteur imprimé sous la photo), elle soit incapable de lire. Elle lit « m », puis « a ». Je dois chaque fois demander ce que font « m + a ». Elle répond « ma » correctement. On passe alors à « r » et « i », puis « r + i » = ri (laissons tomber le « e » final pour simplifier). Je me dis chaque fois, follement, qu'il n'y aura plus qu'à ajouter « ma » + « ri » pour obtenir « mari(e) ». Espoir déçu. Le déclic ne se produit pas. La lecture de la deuxième syllabe semble oblitérer le souvenir de la première, et vice-versa lorsque l'on recommence à la première. Une ophtalmologiste plus intéressée que d'autres par le problème, a parlé d'images qui se « télescopaient », c'est-à-dire qu'en l'occurrence, les syllabes viendraient dans un ordre différent de l'ordre convenu… En effet, lorsqu'on essaie de la faire lire, Marine n'a pas systématiquement l'idée de commencer au début du mot ou de la ligne. Cette discipline ne semble lui avoir été inculquée par personne. Est-ce l'une des retombées des essais d'intégration d'enfants handicapés dans des écoles non spécialisées, où semblable recommandation n'est même pas formulée car allant de soi ?

Dans sa vingt et unième année, la méthode Feuerstein permettra à Marine d'aborder la lecture. Pendant des années, alors qu'elle déchiffrait et recopiait à la perfection les lettres de l'alphabet, elle ne lisait pas vraiment. A peine pouvait-elle « sortir » une syllabe par-ci, par là, comme accidentellement. J'ai pourtant réussi à enseigner un certain nombre de choses... J'imagine, j'espère, que mon échec avec Marine relève d'une incapacité actuelle de celle-ci, d'une impossibilité qui sera peut-être levée un jour et permettra au fameux déclic de se faire. Mais pour le moment, le mécanisme en demeure pour moi (comme pour Marine) totalement paralysé. Combien de fois ai-je entrepris une opération d'apprentissage de la lecture pour constater mon incapacité à capter non seulement l'intérêt, mais au moins l'attention de Marine. Elle envoyait tout promener au bout de quelques minutes. Elle me mettait dans une rage que j'avais d'autant plus de mal à contenir, que j'essayais de ne jamais clore la tentative sur une remarque négative : il faut laisser la porte ouverte sur une nouvelle tentative.

Un autre mécanisme, linguistique lui aussi, s'est pourtant révélé plus positif. J'ai déjà fait allusion au bilinguisme dont je tente l'expérience avec Marine. Il s'agit à vrai dire, de plus qu'une « expérience ». L'expérience a déjà été faite avec nos autres enfants, et totalement réussie. Dans le cas de Marine, ce n'est qu'une nouvelle application. Bien placé pour constater les lacunes de l'enseignement des langues (du moins de l'anglais) dans les établissements scolaires français, j'ai décidé d'élever mes enfants en ne leur parlant qu'anglais dès leur naissance, et en exigeant, quelques années plus tard, qu'ils me répondent de même. Pendant les premières années, moi seul parlais anglais : eux comprenaient parfaitement, mais répondaient en français. La transition vers l'utilisation exclusive de l'anglais s'effectua plus tard. Cette transition, effectuée d'une manière différente pour chacun d'eux, fut brève. Elle se fit non seulement sans douleur, mais avec un naturel absolu. L'expérience ne fut interrompue que lorsque l'éloignement des uns et des autres, des années plus tard, finit par rendre ce mode de communication un peu artificiel.

L'expérience fut si réussie que je désirai en faire bénéficier Marine. Heureusement, nous avons rencontré dès le début un médecin qui nous traça un topo général dont toutes les lignes ne se révélèrent peut-être pas satisfaisantes, mais dont beaucoup étaient valables. On peut inscrire l'apprentissage de l'anglais par Marine parmi ces dernières. Je ne lui ai donc jamais parlé qu'anglais et pendant des années - celles où ses contacts avec l'extérieur, comme son vocabulaire, étaient plus limités - elle a compris aussi bien (pour ne pas être méchant et dire « aussi mal » !) l'anglais que le français. Maintenant, son vocabulaire français est infiniment plus riche que son vocabulaire anglais.

Mais sa compréhension générale de la langue est très appréciable. J'ai souvent la satisfaction de penser, après avoir prononcé une phrase un peu compliquée ou comportant des tournures verbales contractées, qu'un élève de Troisième, ou peut-être de Terminale, ne l'aurait pas comprise. Pour Marine, la compréhension est instinctive. Mais elle ne va pas plus loin. Elle n'utilise pas spontanément l'anglais, et je ne peux employer les moyens de persuasion utilisés avec ses frère et sœur. Mais j'avoue avoir parfois recours au chantage : « If you really want it, ask for it in English ». Elle dit alors automatiquement : « Daddy, please ! » et les autres mots doivent lui être fournis. Elle les répète avec une correction proportionnelle à l'intensité de son désir. J'essaie de lui faire répéter des mots « gratuitement », après lui avoir corrigé une phrase française défectueuse. Comme elle a le sens de la phrase bien en tête, en même temps que son expression corrigée, il me semble que le moment est venu de donner sa chance à l'acquisition de la phrase anglaise correspondante. Elle répète alors, parfois avec une certaine amabilité. Mais il ne faut pas que la leçon dure plus d'une ou deux minutes, sinon tombe le définitif : « Tu m'embêtes ! ». Je fais aussi des essais d'apprentissage de la grammaire. Marine a à peu près compris comment dire « oui » ou « non », selon que la question posée commence par « do » ou « did ». Elle peut formuler une réponse affirmative, selon le cas : « Yes, I do », ou « Yes, I did », avec une relative exactitude. Elle distingue évidemment bien les deux langues lorsqu'elle entend la radio. Le fameux « th » ne présente pas de difficultés pour elle… lorsque je la fais répéter. Mais je n'ai pas réussi à lui faire acquérir quelque spontanéité en ce domaine, sauf lorsqu'elle a besoin d'un mouchoir « Daddy, hanky, please », ou, lorsqu'un « câlin » lui paraît tout à fait urgent : « Daddy, take off your glasses ». Il s'agit alors d'un automatisme bien limité. Il lui arrive aussi d'oublier un mot sans se rendre compte qu'il manque un élément à sa phrase. Elle émet des sons devenus familiers. L'écriture dans ce cas, est encore plus impensable que pour le français. Mais bien des illettrés sont capables de se faire comprendre d'une manière très acceptable en d'autres langues que la leur propre. Je ne ferai pas de Marine ce que j'avais espéré un temps : une trisomique bilingue.

L'HEURE

Son apprentissage pose bien des problèmes que l'on ne sait comment résoudre, ni s'ils se résoudront. A vingt ans, Marine ne sait pas lire l'heure et le sait d'autant moins qu'elle croit le savoir. Dirai-je que je la comprends ? Comment lui faire saisir la différence entre 9 heures du matin et 9 heures du soir ? Pourquoi est-ce la même heure, le même chiffre, qui resservent et comment faire accepter l'idée que tout recommence au « milieu » de la journée, alors même que la notion de « milieu » lui est difficile à saisir et que si on finit par y parvenir, on s'aperçoit que le soi-disant « milieu » de la journée se situe à la quatrième ou à la cinquième heure d'une journée d'écolier, alors que tout l'après-midi et toute la soirée restent à courir ? Quant à dire 13, 14 ou 15 heures pour 1 heure, 2 heures ou 3 heures de l'après-midi, toutes les pendules le démentent. Voir l'aiguille sur le 1, mais lire et comprendre 13 heures ? Impensable actuellement pour Marine. Nous avons donc essayé les montres et pendules à lecture directe, essai qui a été couronné d'une apparence de succès.

Mais alors surgit une autre difficulté. Quand elle lit 20h55 (heure fatidique !) elle entend dire au moins aussi souvent « 8h55 », qui est du langage courant, ou « neuf heures moins cinq » ! Pas bête, elle fait semblant d'avoir compris. De même lorsqu'elle me demande l'heure et que je la lui donne (en anglais, par-dessus le marché, mais je n'en suis pas à une inutilité près, et je me dis qu'au fil des années, cette inutilité deviendra peut-être utilité). Elle répond à peu près invariablement : « Ah, bon ! Merci. »

Nous ne pouvons dire à Marine qu'elle a le droit de prendre ses responsabilités. Responsabilité et autonomie sont liées. Responsabilité et dépendance totale ne le sont pas. Comme c'est de nous que relève cette dépendance, c'est nous qui faisons les tampons et en ce qui me concerne, je sens très vite que le tampon perd ses pouvoirs amortisseurs ! Et alors, tout comme je le fais moi-même au contact de gens qui s'énervent autour de moi (et me réfrigèrent totalement par réaction), Marine se glace, (nouvelle preuve de normalité ?) ralentit encore ses mouvements, ou même se fige. L'incitation à l'accélération des gestes au nom du temps qui s'écoule n'est plus alors qu'une comédie parfaitement inutile. D'ailleurs Marine est peu sensible au passage du temps. Elle peut rester longtemps soit à attendre sans rien dire ni faire ceci, plus rarement, car elle est rarement inactive - ou se livrer à une occupation, surtout du dessin, pendant des heures sans vouloir s'arrêter ni surtout se coucher. Peu sensible donc, au passage du temps, quelle motivation lui insuffler pour qu'elle prenne en considération l'heure qu'il est ? A nouveau, il faut attendre le « déclic », qui n'est d'ailleurs peut-être qu'un « clic » : si on « laisse reposer », en quelque sorte, si on abandonne totalement et brusquement la plaidoirie, et si on passe à autre chose, parfois même à rien du tout, on peut s'apercevoir, quelques instants plus tard, que toutes les barrières sont levées. Marine a apparemment totalement oublié son refus précédent, et on a l'impression de repartir carrément à zéro. Ces « grèves » étaient spectaculaires lorsque Marine était petite.

L'écoulement du temps n'y était probablement pour rien - pour elle du moins, car pour son entourage, cette notion se multipliait d'une façon aiguë et pénible. On se trouvait alors en face d'un paquet muet et figé. Il n'y avait plus rien à en tirer. La persuasion était inopérante mais il nous fallait quand même en faire l'essai. Le portage s'avérait parfois le seul remède. Mais combien mauvais ! Si les fameux délais horaires nous en laissaient le loisir, nous nous contentions alors d'attendre parfois dix, quinze minutes, à parler, à tirer, à pousser doucement. Et tout à coup, la machine se mettait en marche. Une plaisanterie, un sourire, un rire affiché ou déclenché étaient les meilleurs moyens pour débloquer la situation. Mais à de semblables moments, avouons que nous n'avions pas réellement envie de rire, même par tactique !

Semblables grèves sont devenues de plus en plus rares sous cette forme. Elles ont fait place à des refus plus personnalisés. Marine ne se transforme plus en magma quasiment inerte. Mais ses gestes peuvent prendre alors une lenteur désespérante : plusieurs secondes pour porter un verre à ses lèvres en ne l'inclinant pas suffisamment pour que le liquide puisse être bu. Des pas si mesurés qu'on perd l'impression du mouvement. Nous ne discernons pas toujours la cause du freinage. Si nous y parvenons, le remède est bien sûr presque trouvé. Mais combien de fois avons-nous piétiné en nous demandant ce qui pouvait bien lui prendre, et avons-nous dû renoncer à le découvrir. On attend alors que ça passe, et effectivement, « ça » finit pas passer, comme la fin d'un arrêt sur image. Ces petites crises se raréfient heureusement, et disparaîtront progressivement.

La musique

Quant à la musique, elle a beau adorer les chansons et les chanteurs (dont l'identité lui est plus familière qu'à ses parents), son écoute est généralement passive. Je dis « généralement » pour annoncer une exception de taille : si la musique suit un rythme particulièrement marqué et syncopé, Marine peut ne plus être passive du tout. Elle déploie même alors au contraire une activité stupéfiante. Elle se fond dans le rythme, y colle avec une précision absolue. Elle invente des pas et des gestes d'une variété étonnante, mais très calculée. L'expression « ne plus reconnaître quelqu'un » a pris pour moi une fois, grâce à elle, toute sa valeur. Une scène s'est passée chez son frère, dans une pièce assez grande, mais où nous étions nombreux. Marine ne disposait donc que d'un espace relativement limité et nous faisions cercle autour d'elle. Le regard de Marine semblait perdu, mais la machine était soigneusement contrôlée. Elle observait scrupuleusement les limites de son espace et savait s'y mouvoir sans heurter de meubles ni bousculer de spectateurs. Je ne reconnaissais plus Marine. Il me semblait contempler une danseuse professionnelle aux gestes imprévus et imprévisibles. Genre sauvage, primitif. La musique la pénétrait, la secouait comme l'auraient fait des décharges électriques. Le mot « transe » me vint alors à l'esprit. Mais elle en sortait facilement. Possession alors ? Fusion ? Mais elle pousse rarement si loin l'exercice. Il lui arrive de danser calmement, méthodiquement, en nous regardant du coin de l'œil, comme pour nous montrer que dans ce domaine du moins, elle « peut » comme elle veut.

Revenons-en à la télévision : les émissions préférées de Marine, en dehors des feuilletons, ont été Champs-Élysées et l'École des Fans. Elle les guette, les attend avec impatience, refuse parfois de sortir avant, même si on essaie de lui faire comprendre que plusieurs heures l'en séparent encore et que nous serons de retour largement à temps pour en « bénéficier ». Ensuite, elle les écoute passionnément, ferme les portes pour ne pas être dérangée, nous invite à nous taire ou à sortir si nous faisons du bruit. Mais rien n'y fait, elle ne retient pas ce qu'elle entend, jamais elle ne répète les paroles et elle fredonne bien rarement un air connu. Quand il lui arrive, ce qui est peu fréquent, d'essayer de fredonner une chanson entière, sans doute « apprise » (...) chez les Scouts, le résultat est à peu près incompréhensible. J'ai eu la chance de l'enregistrer une fois. J'ai tenté une analyse. En dehors de deux ou trois mots sans contexte et de « Badaboum » (bis), « Tsoin » (bis), on ne distingue rien. On a l'impression d'entendre un vieux disque bloqué. Marine répète un grand nombre de fois néanmoins, avec conviction et assurance ; mais peu de sens artistique. L'entendre est alors plutôt pénible et renforce la conscience que l'on a de son handicap. Pourtant, si l'on songe à son appétit de disques et de cassettes, et au rythme d'audition de ceux-ci, on s'attendrait à ce qu'une plus grande partie de leur contenu s'imprimât dans sa mémoire. Très fantaisiste cette mémoire ! Mais quel adulte « normal » n'a pas constaté la même chose à propos de la sienne ?

J'AI PAS ENVIE

« J'ai pas envie » signifie que le monde peut s'écrouler mais qu'elle ne fera pas ce qu'on lui demande, du moins dans la minute (prolongeable) qui suit. Heureusement, la raison de son refus (si elle existe, ce dont je ne suis pas toujours certain) semble lui échapper plus ou moins vite, parfois très vite. La barrière se lève et Marine se trouve en train de faire ce qu'elle avait refusé plus tôt, sans être affectée par la virevolte. Mais il arrive que l'alerte soit chaude et que des plans soient plus ou moins durablement compromis, ou doivent même être transformés, parce que Marine « n'avait pas envie ». L'expression antithétique « J'ai envie », est presque aussi forte. Si Marine « a envie », tout devrait céder. Ne demandant qu'à voir éclore en elle des manifestations vraiment personnelles, humaines et non mécaniques, avides comme nous le sommes, de voir surgir et ensuite, se poursuivre, des relations sociales ou affectives, nous ne pouvions nous empêcher de prendre très sérieusement en compte semblables expressions de désir. Quand ils étaient raisonnables, nous faisions tout ce que nous pouvions pour la satisfaire. D'autant plus que ces désirs sont souvent tellement enfantins et naïfs (ce qui n'enlève rien à leur intensité) que l'on en était ému, et du coup, presque immédiatement converti. Les appels à des « câlins », aussi inopportuns étaient bien difficiles à ignorer. A moins qu'ils n'eussent lieu dans la rue ! Dans ce cas, nous arrivions à lui faire comprendre que la maison convient mieux à ces épanchements. Une « envie » de promenade à pied ou à vélo nous semblait également tellement souhaitable que nous nous efforcions d'y donner suite sans délai. Mais il ne s'agissait pas toujours de choses aussi simples : si nous satisfaisions les envies de disques et de cassettes au rythme auquel elles sont exprimées, Marine n'aurait bientôt plus qu'à quitter sa chambre pour aller coucher ailleurs faute de place. Elle avait aussi « envie » de livres. Mais ma réponse maintenant traditionnelle : « As soon as you can read, you'll get as many books as you want. » est parfaitement saisie, et l'expression de ce désir précis s'est faite moins fréquente.

Une envie que nous nous efforçons de satisfaire est celle de crayons-feutres. Dessiner et colorier avec ces instruments est une passion. Une passion (et une réussite) telle que je me demande si je n'aurais pas dû la faire figurer en tête de ces pages, car elle constitue peut être la plus grande joie de l'existence de Marine et en tout cas, l'occupation à laquelle elle continue à consacrer le plus de temps. Elle referme scrupuleusement chaque feutre dès qu'elle a fini de s'en servir. Ce qui est méritoire car son sens des nuances lui en fait utiliser un grand nombre avec un rythme de changement rapide. Elle les ménage, mais à couvrir d'innombrables feuilles de papier à dessin dont certaines sont fort grandes, même une boîte de cinquante s'épuise vite. Ce qui donne à Marine l'occasion de faire de petits plaidoyers qui constituent certainement de bons exercices de langage pour elle. Même si les mots-clés se bornent souvent à nouveau à « Daddy », « Please » auxquels elle ajoute quand même : « J'ai plus rien ». Parfois l'intensité de cette occupation est telle que nous laissons volontairement se prolonger un peu l'absence de matériaux pour que Marine fasse autre chose, ou que, pendant quelque temps, elle ne fasse rien. Mais ceci la rabat sur les découpages de photos d'artistes ou de vedettes dans les journaux de télévision. On ne doit donc pas la laisser trop longtemps sur sa faim. Les « envies » de Marine se portent parfois aussi sur des aliments précis. Ses suggestions sont bienvenues et souvent suivies parce qu'assez raisonnables. Mais elle en reste là, car la cuisine lui est encore un art tout à fait étranger. La logique à la source du mélange des différents ingrédients lui échappe complètement (mais est-ce réellement » anormal ? Quelle est la proportion de non-trisomiques chez qui il en va de même ?) et même le mélange le plus conflictuel d'éléments salés et d'éléments sucrés, ne la choque pas. Du moins au stade de la préparation. Évidemment, il faudrait la laisser aller jusqu'au bout, et lui faire goûter son chef d'œuvre. Nous n'avons jamais poussé si loin l'expérience. Dans le domaine culinaire, les « envies » de Marine, lorsqu'elles ne sont qu'exprimées, nous dépannent plutôt. Mais en général, lorsque nous entendons le mot « envie », nous dressons l'oreille et savons qu'une certaine vigilance va devoir s'imposer. Il s'agit de l'expression d'une idée très forte, soit une suggestion acceptable à suivre rapidement et de bonne grâce, soit l'annonce d'un refus qui doit mobiliser l'attention car il peut être difficile à surmonter. Il peut être gratuit mais pas toujours. Il mérite en tous cas toute notre attention.

LE PHYSIQUE DE MARINE

J'étais peu préparé à accepter sans tiquer les caractéristiques physiques de Marine. Mais il y a des degrés dans chaque composant. Son aspect triso n'est pas offensif. Il est d'ailleurs variable, j'y ai fait allusion. La « grève », l'incompréhension volontaire ou réelle, renforcent les caractéristiques du faciès mongolien. Malheureusement aussi, l'hilarité un peu débridée, qui se déclenche facilement chez elle, ne débride pas les yeux, mais au contraire, en les fermant presque complètement, les rapproche des côtés du visage et accentuent encore le faciès trisomique. L'impression de joie est augmentée, mais au détriment de celle que l'on peut avoir de son intelligence. Au repos, et en dehors de ces cas extrêmes de déchaînement ou de fermeture, le visage est peu marqué. Ou du moins, les marques traditionnelles, si elles sont toujours là, passent assez souvent inaperçues, surtout des non-initiés. Quand les yeux ne sont pas trop refermés ou tendus, quand les cheveux masquent la nuque et le cou trop épais, quand aucun sentiment de dégoût, d'amusement, d'étonnement, de véhémence ne déforme les lèvres, Marine peut même être très jolie. Surtout de profil. Reste la petite taille, qui demeurera probablement toujours la sienne désormais : 1 m 50. Nous veillons jalousement sur son poids. Elle est donc bien équilibrée, mais trapue. Bâtie en force, les épaules larges, la taille fine et le bassin fort, elle est à la limite de l'élégance et risque de perdre celle qui peut être la sienne si elle prend quelques kilos ou si elle s'habille mal. C'est sur la première éventualité que nous pouvons le mieux agir. Marine est raisonnable et ne mange pas plus qu'elle ne doit. Son appétit est pourtant rassurant. Elle n'a jamais pris l'habitude des sucreries (bien qu'elle les aime) le gros ennemi des trisomiques (et des autres aussi), prend son café et son thé sans sucre. Quand elle était plus petite, elle exprimait plus que maintenant le regret de ne pas être un garçon. Le regret est toujours vivant, bien que moins fréquemment exprimé. Mais il en reste une phobie des robes qui s'étend aux jupes et même aux jupes-culottes. Même phobie des bijoux, qu'ils soient portés autour du cou, des doigts ou des bras. Seule une montre a trouvé grâce, peut-être parce qu'elle est très masculine ! Pas question non plus de chaussures fines. On s'en tient aux bottillons, aux baskets, aux bottes. Plus c'est gros, plus ça lui plaît ! Les après-skis énormes, c'est le rêve ! Marine, est douée d'une force remarquable pour sa taille, quand elle veut bien la dispenser. Un de ses grands plaisirs est de se battre avec moi. Pour elle, se battre se dit : « se bagarrer ». Et quand nous avons fini, elle dit toujours, en me tendant la main : « Merci pour la bagarre ! ». Il s'agit de renverser l'autre, de lui faire toucher le sol des épaules, ou, debout, de le repousser et le plaquer contre un mur ou une porte ; elle se donne à ce jeu avec une passion redoutable. Sauf quand elle me prend en traître, je m'en tire. Mais je dois faire effort. Double effort même : un effort purement physique et là, je dois me dépenser réellement très énergiquement ; et un effort plus intellectuel : je dois diriger ma force de façon à ne pas lui faire mal. Ces « bagarres » sont très importantes pour elle. Elles constituent un lien précieux entre nous et un exutoire physique facile. Facile, tant que j'aurai la force d'être son partenaire, ce qui ne pourra durer longtemps avec une différence d'âge de quarante ans. Ces combats la remplissent de fierté. Après la bataille, elle rend compte à sa mère. Et comme après chaque « partie » livrée entre nous, que ce soit une course, un match de ping-pong, de tennis, ou une « bagarre », le compte-rendu se ramène en général à : « On a gagné tous les deux ! ». A ma connaissance, elle n'a jamais occasionné de vraies bagarres dans les écoles qu'elle a fréquentées.

Cette force physique de Marine peut se manifester en d'autres occasions que ces bagarres. Mais le moins que l'on puisse dire est qu'elle s'en montre économe. En certaines circonstances privilégiées, Marine oublie qu'elle en dépense : bagarres, cours de danse primitive, certaines promenades à vélo. Mais en général, elle a peu de goût pour les efforts prolongés à but altruiste. La suggestion d'aider son frère à de durs travaux de terrassement, par exemple, fut-ce un petit moment chaque jour pendant les vacances, ne recueille généralement qu'un sourire aimable et ironique de dénégation. Elle tend à considérer qu'elle doit laisser aux « grands » les occupations des « grands ». Ses vingt ans ne lui ont pas fait percevoir qu'elle-même devrait, ou pourrait essayer, de se considérer comme une « grande ». Une fois pourtant, un garçon participant aux travaux fraternels, elle s'y est mise elle aussi. Visiblement plus pour s'amuser ou en tâter, que dans l'intention d'aider. Elle s'est d'ailleurs ménagée et arrêtée bien vite avec un sourire moqueur. Il n'est pourtant pas déraisonnable de penser que si son entrée en action est réellement indispensable, elle saura le comprendre et oublier sa paresse. Comme je l'ai signalé, elle en donne parfois quelques preuves au bénéfice de sa mère lorsque je suis absent.

Planification - J'AI RÉFLÉCHI

Marine n'est pas seulement très organisée sur le plan matériel, lorsqu'il s'agit de sa chambre, de ses meubles et de l'emplacement très strict que doivent occuper ses objets ou ses vêtements. Elle aime aussi à organiser parfois tantôt son temps, tantôt celui des autres. Il s'agit pour elle d'ordonner une succession de plaisirs (bien innocents !) qui semble lui venir à l'esprit avec une aisance toute fluide. « On va aller au cinéma, après, on va manger chez le Chinois, et après on va se bagarrer » (ou « se faire un câlin »). Il lui arrive d'énoncer semblables programmes et d'autres, bien sûr, avec un tel air de plaisir anticipé, que si l'on se trouve dans l'impossibilité d'y souscrire sur-le-champ, on en accepte le principe pour « plus tard ». Curieusement, elle accepte assez bien cette mise au futur.

Ceci finit par impliquer une idée claire du déroulement du temps, une bonne projection de l'avenir. Pourtant dans d'autres cas, qui cependant l'intéressent, elle fait semblant de perdre la mémoire et toute faculté de concentration. Ces cas sont souvent ceux où nous (et non pas elle) avons fixé un programme ou un but. Et ce but, elle paraît incapable de s'en souvenir malgré nos multiples réponses à ses questions : « Où on va ? », « Chez qui on va ? ». Elle continue à s'interroger, et à nous interroger. Enfin, fatigués, nous lui demandons parfois à notre tour : « Où allons-nous ? » « Chez qui allons-nous ? » et alors elle nous donne souvent la réponse ! Que signifiait donc son petit jeu ? Sa mémoire n'est pas en cause. Elle en possède au moins une certaine forme dont les manifestations nous frappent : celle des noms propres. Lors de présentation d'« enfants », elle enregistre du premier coup un grand nombre de prénoms qu'elle nous ressert ensuite sans la moindre hésitation. Privé de cette faculté, j'ai souvent recours à elle pour me rappeler le nom d'un tel ou d'une telle, que d'une rencontre à l'autre, j'ai oublié, même si le visage m'est demeuré familier. Elle se fait parfois tirer l'oreille, probablement parce qu'elle ne conçoit pas que je ne me le rappelle pas aussi bien qu'elle. De plus, lorsqu'elle se décide à me le révéler, elle ne voit pas de raison de me le dire tout bas ; au lieu de diminuer mon embarras, elle l'augmente. En effet la personne dont le nom est alors claironné ne manque pas de se retourner ou même de venir nous trouver. Mais Marine n'applique pas sa mémoire à l'étude. Ou ne le veut-elle pas ? Non seulement elle ne connaît rien par cœur, mais il semble réellement qu'elle ne puisse retenir des phrases de plus de quelques mots. Et la façon qu'elle a d'oublier parfois un mot à l'intérieur d'une phrase montre par ailleurs qu'elle a bien fait un effort de mémorisation, mais que cet effort s'est effectué sans distinguer les mots qui le composaient. Mémoire capricieuse ? Ici, le handicap va peut-être plus loin.

Dans le domaine des rappels de choses à faire, ou des médicaments à prendre à heure fixe, elle nous étonne également souvent. Quand nous sortons, elle nous demande avec un grand naturel si nous avons bien emporté ce dont nous allons avoir besoin pour nos courses, ou nos visites (cadeaux à des amis qui nous ont invités, par exemple). Nous en sommes toujours très heureux car, en dehors de l'utilité pratique du rappel, nous apprécions la participation de Marine à l'action familiale. Il y a bien loin de cet état si vivant et bien éveillé, au paquet de chiffon qu'elle était au cours de ses premiers mois - petit paquet que sa sœur aînée redressait et calait inlassablement dans son landau au cours des promenades.

Évidemment, nous encouragions de notre mieux ces marques d'intérêt, félicitant l'intéressée qui nous faisait alors ironiquement des remarques du genre de : « T'avais oublié ? », « Tu pensais pas ? ». Mais à côté de ces preuves de raisonnement et de bon sens, que d'enfantillages et d'illogismes ! Peut-être lui avons-nous trop montré combien nous appréciions tout ce qu'il y a de positif et d'efficace en elle. Comme elle a parfois du mal à faire le départ entre l'efficace et l'inutile, le vrai ou le faux, ce qui constitue un encouragement et une appréciation tout à fait objective, il n'est pas impossible qu'elle ait trop généralisé la portée de nos compliments et en ait tiré cette assurance, cette certitude d'avoir raison, qu'il lui arrive de manifester tout à fait à tort, et qui n'admet plus aucune discussion. Elle ne répond pas aux arguments contraires, elle ne les écoute même pas. Elle se contente de maintenir et de confirmer sa décision au moyen d'une phrase lapidaire et souvent peu appropriée : « J'm'en fous ! », ou « Je sais ! ». Quand elle a dit ça, on peut être certain que dans l'avenir immédiat, il n'y a pas grand chose à attendre d'elle. Certaines de ses certitudes paraissent à première vue d'un infantilisme étonnant. Si on lui reproche la tenue qu'elle a revêtue arbitrairement pour aller à l'école, sans avoir ouvert ses volets pour vérifier au moins s'il ne pleut pas, elle répond du tac au tac qu'il ne pleut pas. Une fois, la prenant au mot, nous l'avons laissée partir sans imperméable ni parapluie, alors qu'il pleuvait. Elle est bien vite revenue et s'est habillée comme il convenait. Pas embarrassée du tout, elle a reconnu qu'elle s'était trompée : « j'me suis trompée d'erreur » (l'expression lui est familière).

Les progrès ont été constants sur ce plan et Marine assouplira peu à peu son comportement, abrégeant les attentes avec ce commentaire qui lui permet aussi de garder la face : « J'AI RÉFLÉCHI ».

Conversations

Marine passait facilement du silence à une volubilité presque inquiétante. C'est alors qu'elle donnait parfois l'impression de « dérangement ». Rarement d'ailleurs, et cette impression superficielle est apparemment inexacte. Nous freinons son débit, lui expliquons que ça ne veut rien dire, que nous n'y comprenons rien, qu'elle doit se calmer, parler lentement, articuler (ce mot étant prononcé par nous avec la mimique de rigueur), et qu'alors nous nous entendrons. Mais après le freinage, le redémarrage est difficile... quand il a lieu. Parfois Marine refuse de s'expliquer et de recommencer. « Ça fait rien ! » déclare-t-elle et il n'y a plus grand chose à en tirer.

Un moyen de stimuler Marine était de lui présenter une contre-vérité bien évidente. L'indignation vertueuse la saisissait très vite. Elle corrigeait, essayait de rétablir la vérité avec zèle, ce zèle même qui la meut lorsqu'elle rectifie des mots ou des noms que nous avons exprès déformés pour la tester.

Marine a été très tôt capable d'entretenir des conversations, même au téléphone, surtout avec certaines parentes ou amies qui l'aiment et savent le lui montrer même à distance. Le commentaire est alors souvent : « Elle est gentille, j'vais lui faire un dessin ». Faire un dessin est la grande marque d'affection, d'intérêt ou de reconnaissance que peut dispenser Marine. Et lorsqu'elle a réalisé son projet et remis (ou nous a fait expédier) son dessin, il lui arrive de déclarer à propos du destinataire : « Il est gâté ».

J'ai eu régulièrement l'occasion d'observer Marine en compagnie d'autres trisomiques en conduisant certaines de ces jeunes filles au lieu où se déroule le week-end mensuel de son groupe scout. Pas foncièrement indulgent, je trouvais lassantes leurs « conversations » toujours les mêmes, à peu près exclusivement centrées sur la présence des unes, l'absence des autres, les raisons de ces absences... J'attribuais à leur handicap le faible niveau de ces échanges. Quelle ne fut pas ma surprise un jour, en lisant (surtout pour sa reliure et la beauté de sa première édition !) un roman bien oublié intitulé *Histoire d'Isabelle*, d'un auteur encore plus oublié, Emile Clermont, tué pendant la Première Guerre Mondiale, et qui décrivait des conversations de jeunes filles de la bonne société : « Chaque nouvelle arrivante demandait qui est venu, qui n'est pas venu, qui viendra encore ; pourquoi telle ne viendra pas, où chacune va aller tout à l'heure ; c'était tout ». (Paris, Les éditions Crès, 1924, p. 47).

Premières séparations

Dès son enfance, Marine nous a quittés très facilement. Il est vrai qu'une séparation s'opère toujours à l'occasion d'un départ pour un endroit qu'elle connaît bien et qu'elle trouve généralement agréable. Le départ est souvent attendu avec impatience. Marine se rend mal compte du nombre de mois qui l'en sépare, quoiqu'elle en connaisse souvent la date. Elle ne montre aucune tristesse à nous quitter et semble prendre ce départ comme une sorte de fatalité à laquelle nous devons nous soumettre parce qu'elle « en a envie ». Je m'amuse à lui reprocher de nous laisser seuls. Ceci ne l'impressionne nullement. J'imagine qu'elle subodore l'humour derrière ma remarque. Elle rit franchement ou selon le cas, fait semblant d'être navrée, sans pour autant laisser le moindrement entendre qu'elle pourrait renoncer à son voyage. Ces réactions nous plaisent et me surprennent agréablement. Marine étant très (pour ne pas dire trop) couvée, nous avions redouté les premières séparations. Nos coups de téléphone étaient relativement fréquents. Inutilement. Nous les avons donc espacés. Marine n'est pourtant nullement indifférente. Elle tient à ce qu'on lui écrive, et elle apprécie nos cartes qu'elle conserve ensuite précieusement, dans leur enveloppe. La seule arrivée de la carte lui suffit d'ailleurs presque, puisqu'elle ne sait pas lire. Elle ne pense pas que nous-mêmes sommes avides de nouvelles d'elle. Elle part avec de nombreuses enveloppes prêtes à nous être envoyées, mais elle les utilise rarement toutes. Le texte de ses messages est généralement dicté par elle, mais l'inspiration est brève et le scribe supplée les détails et la fin de la lettre. Marine se charge alors des illustrations et celles-ci nous renseignent parfois sur ses états d'âme et sur ce qu'elle n'a pas su exprimer avec des mots.

Les retours sont bien sûr une joie pour tous. Marine se rend bien compte que tout a une fin. De plus, avec sa faculté d'accepter comme une nécessité presque interne, certaines obligations ou échéances, elle ne s'insurge nullement contre l'idée de la fin d'un séjour, ou contre une véritable obligation, lorsqu'elle en vient à la ressentir personnellement. D'ailleurs, l'idée de nous retrouver et certainement aussi, de retrouver sa chambre qu'elle aime, lui facilite l'opération. Les retrouvailles sont presque toujours les mêmes : dès que Marine nous apercevait à une certaine distance, elle s'immobilisait, le visage à la fois radieux et, en même temps, comme stupéfait de nous voir là. Nous bénéficiions de reprises de contact différentes. Si sa mère était la plus proche, elle courait se coller à elle avec frénésie. Si j'étais le plus proche, le scénario variait. Elle s'écriait « Papa », ou « Daddy », ou « Momo » selon l'inspiration, et démarrait au galop. Elle savait que j'avais la force de la porter, se précipitait alors pour bondir véritablement sur moi et je n'avais plus qu'à bien m'arc-bouter pour ne pas être renversé par le choc. Pour compléter son bonheur, il fallait la serrer très fort et la porter un moment. Précautions oratoires indispensables avant de la remettre par terre : « You're too heavy », « You're no longer a baby ». De retour à l'appartement, elle s'isolait par contre complètement une fois qu'elle avait tiré de ses bagages l'inévitable souvenir affectueusement rapporté, souvenir devant lequel nous devions manifester satisfaction et reconnaissance. Ensuite Marine s'engouffrait dans sa chambre et n'en ressortait qu'après avoir entièrement vidé sa valise et méticuleusement tout remis en place. Pendant ces périodes de rangement, il vaut mieux ne pas se montrer ni chercher à engager la conversation. Marine ne s'y prêterait nullement et saurait même y couper court avec rudesse. Ce n'est qu'ensuite qu'elle acceptait de nous parler un peu de son séjour. Mais en restant incapable d'en donner une idée d'ensemble. Nous ne recevions que des aperçus limités, très ponctuels, et plus centrés sur les instants désagréables qu'elle avait pu affronter, ou les désaccords avec certains camarades. L'indignation libère la langue beaucoup plus efficacement que la satisfaction, c'est bien connu.

Enfin, l'idée d'un déplacement, d'une distance à parcourir, l'a toujours séduite, comme tout un chacun. Là aussi, normalité assurée. Et commençant vaguement à se rendre compte de ce que le monde est composé de pays nombreux et éloignés, elle a manifesté parfois le désir de visiter certains de ceux qui sont représentés par les universitaires étrangers le plus fréquemment rencontrés.

Quant aux déplacements plus modestes qu'elle a pu faire pendant son enfance et son adolescence, la confection des bagages a fait partie de la joie du départ - et il est difficile d'empêcher Marine d'emporter tout ce qui lui passe par la tête. Ceci apparaît même à l'occasion d'une promenade projetée et sans doute magnifiée dans son esprit. Il était souvent difficile de l'y entraîner mais lorsqu'on y parvenait, elle aimait emporter au moins un sac à dos avec des provisions solides et liquides, un livre, une canne - et nouer un pull autour de sa taille, mettre un petit chapeau à visière. Au bout d'un moment elle déclarait, solennelle dans son accoutrement : « Chuis crevée - je peux plus ».

Attitudes

Quand Marine a quelque chose à dire (et surtout à demander !) elle exige une audience immédiate. Que l'on soit déjà en train de parler ou d'écouter quelqu'un ou quelque chose est sans importance. Il faut parfois lui enjoindre d'attendre à son tour. Mais par contre, si on lui parle, même lorsque les meilleures conditions semblent réunies pour se faire entendre, il ne faut pas préjuger du résultat. Marine se trouve de multiples raisons pour ne pas répondre : elle est occupée, elle écoute un feuilleton enregistré, elle dort (...) ou répond même d'une manière parfaitement distincte : « J'ai la bouche pleine ! ». Elle n'aime pas non plus qu'on lui adresse la parole de loin. On se trouve souvent obligé d'entrer dans son champ visuel pour augmenter ses chances d'être écouté. Elle affiche un mutisme d'autant plus déplaisant que l'on est certain d'avoir été entendu et souvent même compris. Quand elle a bien voulu laisser s'opérer le déclic, elle lève la tête et répond, ou bien émet un : « Tu disais... ? » avec un air de se moquer du monde qui vous désarme à tous coups.

Ces périodes de mutisme sont dans l'ensemble énervantes, gênantes et sources de retard. Quand on appelle Marine à la cantonade et que l'on n'obtient que le silence, il faut inspecter chaque pièce de l'appartement. Ce n'est pas très long, mais enfin... Quand elle est dans les WC, même silence. Heureusement, lorsqu'elle se cache pour de bon, l'idée de cette blague astucieuse l'amuse tellement qu'elle glousse ; on la repère alors presque plus facilement que lorsqu'elle ne se cache pas.

Marine est assez éveillée à certaines choses bien concrètes, à ce qui entre dans son champ visuel immédiat : c'est un autre aspect de la maniaquerie à laquelle j'ai déjà fait allusion. Elle adore redresser les objets à formes géométriques (crayons, règles, livres) de façon à les rendre parallèles aux bords de la table qui les porte. C'est aussi pourquoi elle aime le repassage occasionnel et plie assez bien les objets simples (mouchoirs, torchons, serviettes). De même, elle est assez sensible à la propreté. Si une saleté se trouve par terre, elle en est dérangée et accepte de l'enlever. Mais c'est dans le domaine abstrait - j'ai déjà signalé qu'elle y était peu sensible - que Marine ne déploie pratiquement aucun esprit critique. Les invraisemblances la choquent peu, et surtout, pas assez. Elle accepte trop facilement de se laisser détourner d'un but, de passer d'une idée à une autre. Non qu'elle n'ait pas de suite dans les idées, mais la « manœuvre », la manipulation diplomatique, ont trop de prise sur elle. Tant qu'elle est en famille, l'inconvénient est relativement faible. Mais si elle a un jour à se « défendre » véritablement, je crains qu'elle n'y parvienne pas. Elle n'est pourtant pas incapable de discuter, mais d'une façon qui se rapproche plus de l'insistance répétitive, que de l'apport d'arguments positifs. Elle se réfugie trop systématiquement dans des raisons qui n'en sont pas, et qu'elle n'exprime que par des « parce que », et des « j'ai envie ». Souvent aussi, elle ne donne pas de raisons du tout. C'est le refus absolu de discussion et nous retombons dans la « grève ». Elle fait quand même parfois un petit effort de raisonnement en sa propre faveur, et pour appuyer sa cause, me voyant peu soucieux de la laisser faire, il lui arrive de me dire sur un ton de reproche : « Ch'suis ta fille Marine ! » A ce stade, elle n'est pas loin d'avoir gagné.

Il est arrivé à Marine de faire de grosses colères. Une tentative de contrainte physique, un dérangement trop insistant lorsqu'elle est « occupée », ont un effet immédiat. C'est alors une « bagarre appliquée », qu'elle pratique avec une maîtrise consommée. Elle m'a une fois envoyé une gifle d'une force et d'une précision stupéfiantes.Cette gifle mise à part, on peut mettre son sens des “prises” au compte de l'apprentissage du judo que Marine a pratiqué (bien que sans grand enthousiasme et jamais jusqu'au bout des séances), entre dix et douze ans.

Tels sont les éléments du portrait de Marine qui me semblent être les plus saillants au cours de ses vingt premières années. Un peu au fil des eaux du souvenir, en zigzags, en flash-backs.

L'avenir semble plein de promesses, et d'ombres bien sûr. La peinture est presque toute sa vie. Se décidera-t-elle un jour à mieux participer à un apprentissage de la lecture, et de l'écriture (elle copie les textes d'une belle écriture, mais…), qui doivent lui paraître bien pâles dans son univers de couleurs.

MAURICE LARÈS - 1986

SOMMAIRE

II - De chrysalide en libellule :
un portrait en obliques

III - Sur quelque vingt ans : le regard du père

MISE EN PAGES FOURNIE

Achevé d'imprimer par Corlet, Imprimeur, S.A. - 14110 Condé-sur-Noireau (France)
N° d'Imprimeur : 22086 - Dépôt légal : février 1997 - *Imprimé en C.E.E.*